東大就活

東大カルペ・ディエム

星海社

289

SEIKAISHA SHINSHO

はじめに

『東大就活』という本書のタイトルから、「自分は東大生でもないし、東大生がやっている就活術なんてきっと真似できない。この本は自分とは関係ないな」と感じた方もいらっしゃるかと思うのですが、本を置く前に少しだけお時間をください。

みなさんが想像する東大生の就活は、「東京大学」という学歴を使って内定をもぎとっている、そんなイメージではないでしょうか。

「東大生は学歴があるから就活も楽勝でしょ?」

「企業側も『東大生だから』って理由で採用しているんじゃないの?」

こう思っている方も少なくないでしょう。

しかし、実際には全然そんなことはないのです。

今の世の中、「東大生」という肩書きだけで採用してもらえるほど甘くはありません。「学歴が良ければ、偏差値が高い大学なら採用してもらえる」ということはほとんどなく、学歴もTOEICやTOEFL、その他の資格と同じように、加点要素の1つでしかないのが実状だと思います。

昔、こんな東大生がいました。「何の準備もせず、とにかく自分が採用されたところに就職しよう」という考えで就職活動を行った東大生です。インターンもせず、企業分析もせず、とにかく自分が採用してもらえるところに行くつもりで就活をしたそうです。

その結果どうなったかというと、その東大生はどこにも採用されませんでした。

このように、「東大生だから」という理由だけで就活をクリアできるわけではありません。

就活は年々複雑化しています。エントリーシートを書いたり、グループディスカッションをしたり、インターンに行ったり、企業分析をしたり――さまざまなことをしないと希望の就職先にはなかなか入れません。何の準備もせずに就活したら、たとえ東大生だろうと、どの会社でも不採用というひどい結果になってしまいます。

それでも、東大生に就活で無双しているイメージを持っている人も多いのではないでしょうか？

それには秘密があります。

本書でお伝えしたいのは、

「東大生は、持ち前の頭脳を活かして、上手に就活の準備を行っている」


ということです。

東大生が就活において「準備」をすると、たちまち採用率は跳ね上がるのです。

しかも面白いのは、就活のための指南書のような本、いわゆる「就活本」と言われるような書籍をそこまで活用せず、就活を成功させているという点です。普通は就活といえば、就活本を買い漁って、そこに書いてあることを丸暗記してエントリーシートの作成や面接に臨む人が多いでしょう。

しかし東大生はそうではなく、東大生同士で独自に考えた方法論で就活を突破しています。受験勉強で準備スキルを培《つちか》った東大生は、本質的に物事を捉えるのが得意です。自分の内面に問いかけて丁寧に自己分析し、企業分析をうわべだけで済ませず、面接やエントリーシートで心から思っていることを伝え、そして就活で成功を収めているのです。

こういった本質的な就活対策は、一般的な就活本にはなかなか書いてありません。しかし、もしみなさんが、多くの人が本当に行きたいと思っている人気企業に内定したいのであれば、小手先のテクニックではなく、本質的な対策を取るのが近道です。

本書では、その東大生たちの本質的な就活対策を一冊にまとめました。東大生たちの就活の仕方を通して、多くの人に就活を突破するヒントを提供するものです。

とはいえ、特別なことをしているわけではありません。「東大生にしかできないような就活方法なんでしょ?」という心配は無用です。

東大生を含め、最初は誰だって就活初心者です。本書では、就活初心者がゼロから就活するときの「まず何をすればいいのか?」から丁寧に解説していきます。

最後に、1つだけお願いがあります。

本書では、誰でも使える「志望する就職先で内定を取る方法」については深く論じますが、個人差の大きい「そもそも、どうやって志望先を決めればいいか」については軽く触れるに留めました。

そして、「どんな企業に行きたいか」「仕事を通じて何がしたいのか」は、就活でずっと考え続けるべき大切なテーマだと言えます。第1章でもお話ししますが、この部分がないと、どんなに頑張っても自分をうまくプレゼンすることができません。逆に言えば、この部分をしっかり考えている人であれば、適切な準備さえすれば絶対に就活がうまくいくはずです。

それでは、『東大就活』スタートです!

目次

第4章　東大式ES・面接対策

TODAI

第1章

東大生は「逆算」で就活を攻略する

Job Hunting

この本のタイトルは『東大就活』です。東大生らしい就活の攻略方法について、これからみなさんに解説していきます。

でも、東大生らしい就活の攻略方法ってどんなものなのでしょうか?

その1つの答えは、「ゴールからの逆算」です。

東大生は、受験勉強のときもただ漫然と勉強するのではなく、高校1年生の時点から東大入試の問題を見て、「ああ、2年後にはこういう問題が解けるようになっていないといけないんだな」とゴールを把握し、そこから普段の勉強を組み立てていきます。ゴールを明確にした上で、その目標に向かって適切に走っていくわけですね。

では、就活におけるゴールとは何でしょうか?

その答えは言うまでもなく、「企業が求めている人材になること」ですね。企業が求める人材像を理解し、それに近づくための努力をする。闇雲に就活をするのではなく、まずはゴールから考えていくのが賢いやり方です。

もちろん企業によって、求める人材像は変わってきます。しかし、一般に公開されているデータから、普遍的に企業が求める人材像を理解することもできます。

たとえばみなさんは、日本経済団体連合会（経団連）が行っている「新卒採用に関するアンケート調査」を知っていますか？

これは毎年行われている調査ですが、その中でも注目を集めている調査項目の1つに、「選考にあたって各企業が特に重視した点」が挙げられます。これは、民間企業に就職しようとしたとき、その企業がみなさんのどんなところに重きを置いて採用を決定するか、その傾向を示した調査結果です。

その結果は次のページに示す通りです。

あくまでも民間企業を対象とした調査結果ではありますが、これがたとえ業種を超えて医療界や法曹界、教育界になったとしても、同様の能力が求められることは変わらないでしょう。

このグラフは２０１８年の調査結果ですが、「コミュニケーション力」はなんと16年連続で第１位。そして「主体性」は10年連続で第２位となっています。第３位の「チャレンジ精神」も３年連続ではありますが、コミュニケーション力と主体性に関してはもはや「殿堂入り」と言ってもよいレベルですね。

ということで、絶対的に就活において求められるのは、「コミュニケーション能力」であることがわかります。一般常識とか語学力とか学業成績とかそういったものではなく、コミュニケーション能力が一番大事なのです。

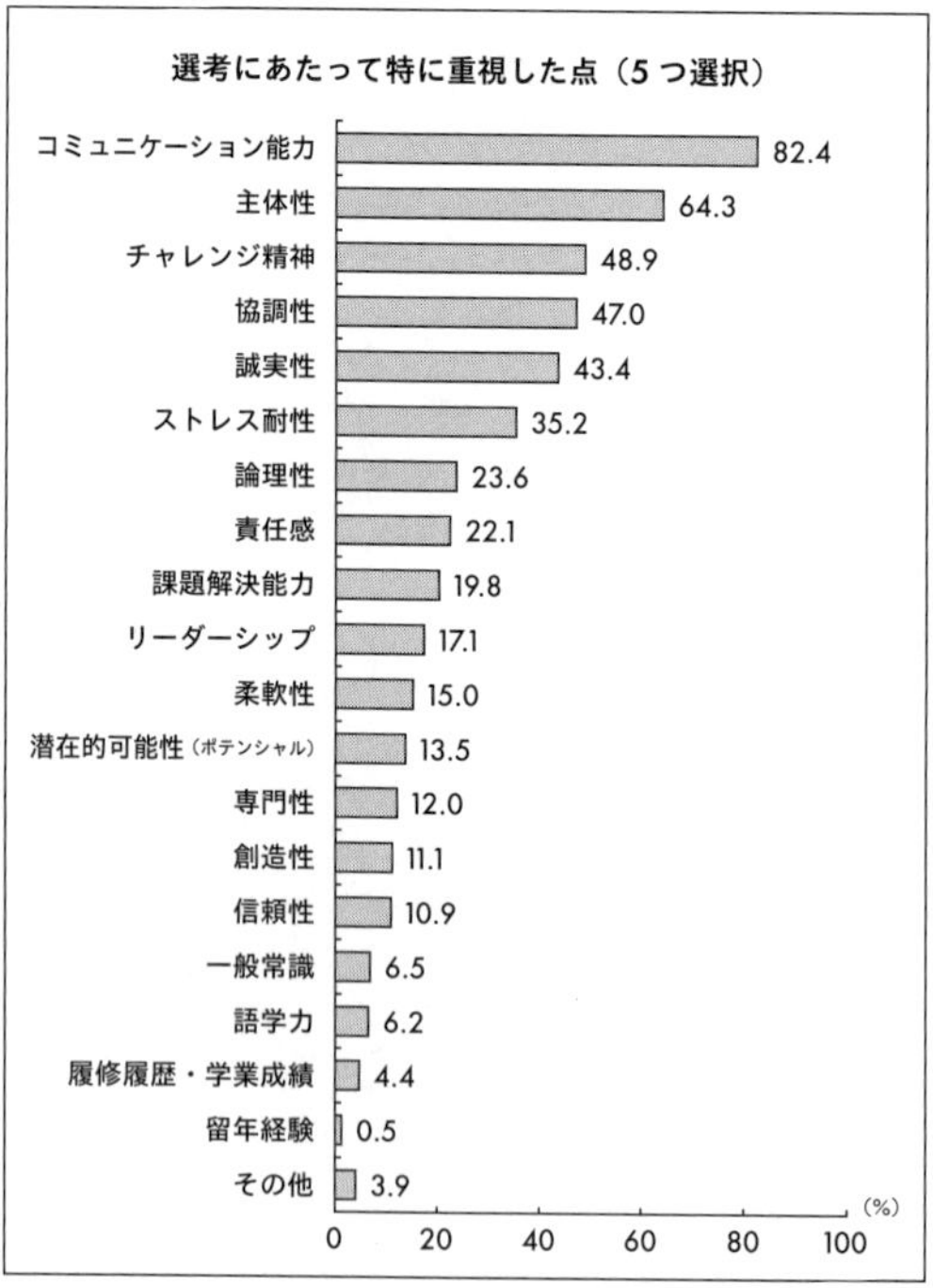

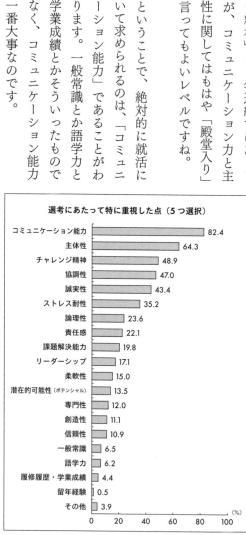

当然と言えば当然のことですが、仕事とは、多くの他者とつながるものです。顧客や同僚・上司とのコミュニケーションが大事になります。そして、そう考えたときに、他者との意思疎通のためにもコミュニケーション力は欠かすことができないと言えます。これは、なんとなく納得感のある結果ですね。

そして次に求められているのが、主体性です。コミュニケーションの次に来る能力としては、違和感がある人も多いのではないでしょうか？

実はこの主体性を正しく理解できているかが、就活の結果を左右しうる重要なポイントなのです。

就活で求められる「主体性」の正しい定義

しかし、みなさんは主体性という言葉の定義を明確に把握しているでしょうか？

おそらくですが、「主体的」というのを、なんとなく「積極的」とか「自主的」とか、そういう言葉と同じように理解しているのではないかと思います。しかし、この点を勘違いして解釈してしまうと、就活においては大きな失敗をしてしまうことになります。

岡山大学教育学部の准教授で「主体性」についての研究を行っている中山芳一先生は、「主体性」について次のように述べています。


「自主的」というのは、ただ自分で判断をして行動をすることだけを指します。仮に、「自分の判断で相手がむかつくからぶん殴った」というとんでもない行動をしたとしても、それは「自主的」であると解釈できます。

それに対して、「主体性」は、周囲の意見・周囲の反応を尊重しつつ、自分の責任で行動することを指します。

他のものに導かれたり、周囲から影響を受けたりすることは、私たちが発達する上で必要不可欠であり、その中で自分という「主体」は形成されていくのです。

周囲との関係を切り離して、自分自身の意思を貫くことが主体性かと思いきや、周囲からも影響を受けながら自分自身を形成していくことも主体性となるのです。

要約すると、主体性は、「周りの意見を反映した上で、自分で責任を持って行動すること」だと言えます。

就活では「学生時代に力を入れたこと」を聞かれることがあります。そのときに「どんな話をしたらいいのか」が議論になりますが、次の2人ではどちらが好印象を持ってもらえると思いますか?

Aさん:インターン先で新規商品の販促に関わり、自分がリーダーシップを発揮してアイデアを出し、チームメイトと一緒にそのアイデアを実現させて、その結果、売り上げ1000万円を達成することができました。

Bさん:インターン先で新規商品の販促に関わりました。リーダーとなる社員さんのサポートを行い、彼のアイデアを資料に落とし込むことや、チームメンバーの意見の調整・日程調整や進捗管理を行い、なんとか期日までに仕事を全うできました。

Aさんの話のほうが、実績としてはとても強いものだと思います。「売り上げ1000万円」ってすごいですし、「この人は1000万円の売り上げを作ることができるアイデアを出してくれる人なんだ」と思ってもらえそうです。

しかし、おそらく多くの面接官にとって、Bさんのほうが好印象になります。

たとえBさんのインターン先の新規商品の販促結果が100万円だったとしても、Bさんのほうが企業から求められる人材です。

その理由は、主体性です。たしかに、Aさんはリーダーシップを強調していますから、自主的に行動している印象があります。でも、主体性と自主性は違うのです。

Bさんは、「サポートを行った」と言っています。チーム全体の流れを見て、周りに目を配り、進捗の管理を行っています。これは、周りの人を観察し、自分でそう判断したと捉えられます。

そして、Bさんは「期日までに終わらせた」と言っていますが、逆に言えば「期日までに仕事を全うすることに対して責任を負っていた」と解釈することができます。

先ほど中山先生の言葉を引用した通り、主体性は「責任感を持つこと」が求められます。

Bさんは、「もし自分がインターンとして関わっているプロジェクトで、期日までに仕事が終わらないことが発生したら、それは自分に責任がある」と解釈しているわけです。

もちろんAさんだって責任感を持ってプロジェクトに取り組んだのかもしれませんが、そもそもインターン先でAさんのアイデアだけで1000万円の販促を達成できた、なんていうことはあり得ないと思います。

というかそれだったら、もうAさんは就職なんてせずに個人の力だけでやっていけるわけで、自分で起業したほうが稼げるはずですし、そうでないならインターン先の企業から「うちの会社に入ってくれ！」と言われるはずです。

そうではなく、インターン先とは違うところに就職を希望しているということは、1000万円という結果は嘘でないにしろ、おそらく会社のバックアップがあったり、社員からのサポートがあったりしたはずです。それを、自分の手柄だと誇張して、あるいは悪気はないにせよ他者のサポートが見えないままに語っているだけなのではないかと考えられるのです。

ということは、Aさんは仕事においてあまり周りを見ていないのではないか、と思われてしまうわけです。自分で考えたアイデアを出しただけであればそれは「自主性」で、そのアイデアをチームメンバーで共有したり、周りの人と協同して進捗を整理したりする能力のほうが、企業から求められる「主体性」です。

このように、「自主性」と「主体性」を間違って解釈していると、就活で失敗してしまう可能性があるのです。

主体性とは責任感のこと

さて、主体性を考える上で重要なのは、責任感だと思います。

「責任感を持って自分で考えて行動すること」こそが主体性であると定義でき、先ほどのBさんの話の中でも「期日までに仕事を全うすることに対して責任を負っていたこと」が主体性の発揮だと解釈できる、という話をしました。これについてもう少し詳しく説明させてください。

「責任感」の議論をするときによく登場するのが、「この会社・うちの会社論争」です。こういう質問をされたとしましょう。

人事部が人事評価を行うにあたって、会社で行われている会議を観察している。5名が会議をしていて、どの人も積極的に発言しているが、その中で自分の会社のことを「この会社では……」と言って話す人もいれば、「うちの会社は……」と話す人もいた。

さて、人事部は、「この会社」と話す人と、「うちの会社」と話す人、どちらのほうを評価するだろうか？

自分の会社のことをどう呼ぶか、という話ですね。みなさんはどちらがいい人材だと思いますか？

「この会社」と呼んでいる人は、会社と一定の距離があり、俯瞰《ふかん》的に物事を見ることができる人ですね。それに対して「うちの会社」と呼んでいる人は、会社を「うち」と呼んでいることからわかるように、距離がかなり近いです。会議としては、「この会社」と呼んでいる人のほうがいい意見を言ってくれそうな気がします。

でも、この問題で高く評価されるのは、「うちの会社」だと言われています。実際に人事評価を下す人は、「うちの会社」と言っている人のことを評価し、そして実際「うちの会社」と言っている人のほうがいい結果を残す場合が多いのだそうです。

その理由は、「うちの会社」と言っている人のほうが、自分のこととして会社の物事を捉えていて、責任感を持っているからです。

何か問題が発生した時に、「この会社は」と普段から話している人は、自分の責任だとは考えず、他人や会社に責任を求める傾向があります。会社の一員としてではなく、雇われた人間として物事を考えていて、自分の部署の売り上げが落ちてきたら「会社のせいだ」「社長のせいだ」と考えてしまうことが多いのです。

本当に会社が求める人材というのは、責任範囲を広く取ってくれる人材です。

もし上司や同僚がミスをしてしまったときに、「自分には関係ない」ではなく、「自分にもサポートできることがあるのではないか」と考える人です。

もし違う部署で業績が落ちてきたときに、「自分にも責任があるのかもしれない」「何か自分にもできることはないだろうか」と考える人材です。

「自分が所属している会社のために、自分ができることはないだろうか」という責任感がある人間のことを、会社は求めていると言えます。そして、その責任感の発露としての行動を、我々は「主体的な行動」と言っているのです。

この主体性＝責任感の捉え方を聞いて、ネガティブな捉え方をする人もいることでしょう。

「そんなの、滅私奉公みたいじゃないか」

「要するに、会社は社畜が欲しいってことでしょ？」

などと考える人もいるかもしれません。「会社のために」という言葉は、「働き方改革」

が叫ばれるこの令和の時代において、ちょっと空虚な響きがあると感じる人もいるでしょう。

でも、それはちょっと違うんです。なぜなら、多くの人が考える「滅私奉公」「社畜」というのは、「自分で考えない人」のことだからです。

「ブラック企業」という言葉が流行して久しい現代、職場環境の悪い、いわゆるブラックな企業で働く人の愚痴がSNSで拡散し続けられています。会社からの無茶な命令に従って奴隷のような働き方をする人のことを、「会社の家畜」、縮めて「社畜」と呼ぶようになりました。

でも、社畜は「主体的」ではないんですよね。いわゆる社畜とはこういうことです。

「与えられた指示を、ただ唯々《いい》諾々《だくだく》と受け入れて、無茶をしてでも頑張る」
「無茶な命令を出されても、それに文句を言わずに頑張る」

そういう行動をしている人って、自分で考えてそうしているわけではありません。ただ命じられたことを受け入れている、ストレス耐性のある人です。ストレス耐性が社会人として重要なスキルであることに間違いはありませんが、それは主体性とは異なります。

そして、ストレス耐性や無茶に対する対応力、「社畜スキル」なんて呼ばれている能力は、実際はこれからの時代はどんどん需要が少なくなっていきます。ＡＩやロボットによって、人間の仕事が代替可能になってきている現在において、指示さえ出せば24時間不眠不休で働いてくれるロボットさえあれば、ストレス耐性のある人材は要らなくなってしまうのです。

むしろ必要なのは、自分で考えて行動してくれる人です。「うちの会社にはこういったことが必要だから」と自ら考えて行動してくれる人のほうが求められる人材であって、社畜は要らないのです。

ここが非常に難しいポイントで、この本の中で一番重要になる部分なのですが、「自分にとってもメリットがあるから、この会社のために全力で頑張ろう」と考えることができる人こそが、会社が求める究極の人材だと言えます。

なぜかというと、「自分のメリット」を考えられる人ほど、主体性を持って物事に取り組むことができるわけで、「会社のために」が「自分のために」にもつながっていると理解している人ならば、仕事がうまくいくのが明らかだからです。

個人の利益と会社の利益が一致することが主体性

ちょっと脱線しますが、我々の会社「東大カルペ・ディエム」は2020年にスタートした会社です。継続的に40人程度の東大生がバイト・インターンをしていて、2020年から数えると200人近い東大生が出入りしたことになります。その中で、インターンとしてとても活躍した人物がいました。仮にCさんとしましょう。

Cさんは、書籍編集の仕事にとても積極的で、さまざまな書籍のライティングや進捗管理に関わってくれました。「そのモチベーションはどこにあるか」と周りが聞くと、こんな風に言っていました。

自分にも出したい本がある。そのためには、書籍編集の仕事を手伝って、自分もスキルアップしなければならないし、うちの会社の書籍編集部を盛り上げなきゃならない。そして、その本を出すときには、会社のみんなにも手伝ってもらいたいから、みんなの仕事を手伝っているんだ。

つまり、「自分のやりたいことを実現させるために、会社のことを盛り上げよう」という考えがあって、だからこそ積極的に「会社のために頑張ろう」という主体性が生まれるのです。

このように「自分のやりたいことのために会社を利用する」というプレゼンをして就活を成功させた人は、東大生の中にも多くいます。たとえば、建設会社に「こういう建築が作りたいから御社に入りたい、こういう建物を将来普及させるための経験として、御社に入りたい」とアピールして通った人がいます。最初に自分の希望を具体的に伝えることで、就活を成功させるという方法もあるのです。

人間は結局、自分の欲望や願望を叶えるために生きるエゴイストだと思います。もちろん「他の人とこんなことがしたい」とか「人を助けたい」という願望もありますが、しかしそれだって、「社会の中で居場所がほしい」とか「自分が生きていて誰かの支えになっているという自信がほしい」とか、そういう「自分のための欲望」であることも多いです。そしてそのために、人は努力をします。主体性の源泉とは結局、自分の欲望を叶えたいという個人の欲望なのです。

でも、エゴイストであることと、「会社のために何かしたい」というモチベーションを持つこととは、必ずしも矛盾しません。むしろ、会社が大きくなることが自分のやりたいことにつながったり、自分の目的と合致したりするのであれば、「自分のために」と同じように「会社のために」、主体的に行動することができます。「会社」と「自分」の距離が近いので、「うちの会社」と捉えて行動することにもなるからです。そうなると個人にも会社にもメリットがありますよね。

もっと言えば、この「エゴ」「自分のために」の範囲を意識的に広げることができる人こそが、何に対しても主体的に行動できる人だと言えます。

ひとつ具体的に考えてみましょう。もし仮に同僚の誰かが困っているときに、その人を助けるか、助けないかという二択があるとします。ここで「助けない」と選択する人は、「自分には関係ないから」「助けても自分にとってプラスにならないから」と考えていることでしょう。他方で「助ける」という選択をする人は、ただ利他的なだけでなく「ここで助けることによって、自分にもあとからプラスがあるかもしれない」と考えることができる人だと言えるのです。

もしかしたら、自分が困ったときに、後から助けてもらえるかもしれない。同僚が困っているポイントを知っておけば、自分も同じところで困ったときに解決策がわかるかもしれない。同僚の困りごとを解決することが会社にとってプラスになって、ひいては自分のプラスになるはずだ。

そんな風に、「自分のために」の解釈の幅を広く持てるからこそ、主体的に行動することができるのです。先ほど、「責任範囲が広い人＝主体性のある人」と定義しましたが、そこの裏側にはこういう背景があったのです。
まとめると、主体的になれる人というのは、「自分事《じぶんごと》＝責任」の範囲を広げることができる人だ、と言うことができるのです。

「どうして弊社を希望するんですか？」の正しい答え

就活ではよく、「どうして弊社を希望するんですか？」という志望理由が聞かれます。その質問に対して、多くの人は「御社を志望した理由は、御社の掲げる企業理念に共感したからです」なんて言いますね。この文言は就活においてよく聞きますし、もう使い古され過ぎていて逆に空虚な言葉になっている感じもありますが、実際、本気で「企業理念」に共感している人材は、会社としてはとても望ましい人材なんです。

ある食品会社があったとしましょう。「日本人により多くの食品の選択肢を提供したい」という企業理念を掲げていたとします。

そしてそれに対して、「たしかに自分がおじいちゃんになったときに、もっといろんな食品の選択肢が欲しいもんなぁ」「美味しいものがもっと食べられるようになったらいいよなぁ」と考えている人がいたとしたら、企業のために頑張ることが、自然と自分のために頑張ることとつながっていきます。その企業の目標と、自分という人間の目標がマッチしているのであれば、仲間としてスムーズに協力して仕事を進めていくことができますよね。

先ほどから解説している「自分のために」の解釈を広く持てるというのは、志望理由を考える上でも活きてくるのです。

そして、だからこそ「御社を志望した理由は、御社の掲げる企業理念に共感したからです」という文言はずっと言われ続けているのです。

でも、これを形だけ真似してもうまくいくことはないでしょう。

なぜうまくいかないかというと、「企業理念がすばらしい」のと、「自分のやりたいことが、その企業理念とマッチしていること」とは別だからです。「この企業理念、いいですよね！」と言っても、重要なのは共感の部分で、「その就活生自身とその理念がどう結びついているのか」が明確でないと意味がないのです。

そして多くの人は、この「共感」を抽象的に答えてしまいがちです。先ほどの食品会社の志望理由にしても、

「日本人に、より多くの食品の選択肢を提供したい」という企業理念はすばらしいと思います。自分も食品の分野に興味があり、高校時代も大学時代も食品に関わる活動をしていて、その上でこの理念に共感しました。

なんて言ったとしても、「何に共感しているのか？」、もっと言えば「自分の目標として会社の理念を認識できるほどに共感し、これから数十年もこの会社のために働けるほど、自分事にできる理念として捉えているのか？」という疑念は払拭できませんよね。

じゃあ、本音ベースで「給料がいいからこの会社に入りたいと思っています」と言っ

ても問題ないのか、と思うかもしれませんが、それは少し解釈が違います。

もちろん「仕事は大変だと聞いていますが、でもその分給料がいいと伺《うかが》っています。であれば、どんなにやりがいがない仕事でも、大変な仕事でも、自分は頑張りたいです。どうか御社に入れてください！」と言って通る企業も一定数存在するかもしれませんが、それであれば、社会的に見れば「社員」になる必要ってそんなにないんですよね。割のいい業務委託の仕事をずっと受け続ければいい、という話になってしまいます。

会社がその人を「社員」として迎えるのは、会社がその社員を「育てる」ということを考えているからです。今の時点でスキルがない人を採用するリスクを取ってまで会社が採用をするのは、その人が成長し、成長した先で一緒の目的を追うことができるからだと言えます。会社も、そしてその会社に所属する社員も、就活生と一緒に目的を追いたいから、ゼロから育てるコストをかけてでも共に働きたいと思っているのです。

ですから、やっぱりお金以外のモチベーションで主体性を発揮できると考えられる部分があなたにあると思えるかどうかが、採用する側からすると重要になってきます。

ということで、シンプルに言ってしまえば、就活で成功できるのは、こういう人物だと言えます。

「自分のために」その会社で働くことができる人
「自分の目標」と「会社の目標」が一致していて、会社のために主体的に行動できる人

逆に、その反対の

「自分の目標」と「会社の目標」が一致しているかが不明瞭、または一致していないと解釈されてしまう人

は、就活でうまくいかない人です。

この本でこれから提案していくのは、この「会社のために」が「自分のために」につながっていることをプレゼンできるようになる方法です。

そのために重要なのは、まずは「自分のために」を明確にすることです。自分がどういう人間で、自分が何を楽しい、何を好ましいと捉えているのかを明確にする必要があります。

これは「自己分析」と呼ばれる行為ですが、多くの人は自己分析について間違って解釈している点があります。多くの人はどう間違っていて、どうすれば正しく考えられるのか、第2章ではお話ししていこうと思います。

TODAI Job Hunting

第2章
東大式自己分析

ではここから、自己分析をどのように行えばいいのかについて、みなさんにお話ししていきます。

ただその前に、1つ根本的な話をさせてください。先ほど言った通り、あまりにも多くの人が「自己分析」について間違った理解をしてしまっているので、その勘違いから正していきたいと思います。

多くの人は、自己分析と聞くと、自分の強みを見つけて、「英語ができる」とか「論理的に物事を考えられる」とか、自分は何ができる人間なのかをプレゼンできるようになることだ、と考えていると思います。

でも、そうであるのならば、就活において自己分析って大してやらなくていいんです。第1章で「選考にあたって特に重視した点」を共有させていただきましたが、企業は就活生が考えているよりも、スキルを重視していません。どんな資格を持っているかとか、どんな才能があるかとか、そういったことよりも、主体性がある人なのかどうかを重視しています。

ですから、「強みをプレゼンすることができるようになる」だけでは、就活において好ましい効果は得られないのです。

自己分析の正しい定義は、「強みだけでなく弱みも含めて、自分がどんな人間なのかを明確にし、それによって自分の目的・目標を明確にする行為」です。

それができるようになることが、この章のゴールです。

自己分析は「強み」ではなく「弱み」を見よう

東大生は、受験生時代から一貫して自己理解のツールをよく使う傾向があります。性格診断やストレングス・ファインダーなどもそうですし、模試やテストで自分の実力が具体的なデータで出てくることに対してプラスの感情を持つ人が多いです。

そして、東大生がどこを見ているかというと、実は「強み」よりも「弱み」なんですよね。

ですから東大生は、驚くほど自分の弱点に自覚的です。「自分はこういうダメなところがあるから、ここで助けてほしい」と、自分で分析して他人に伝えることができるのです。

ちなみに、東大生は就活の時期に「ねえ、私の弱点ってどこだと思う？」と他人によく聞きます。自分のどういうポイントがネガティブな印象を与えているのかを知り、そこを改善しようとするのです。それも、複数人に聞きます。４人５や人に聞くのは当たり前で、多い人は10人以上に聞いて回ることもあります。それくらいの意見を集めると、客観的な自分の弱点・マイナスのポイントがわかるわけですね。

「ええ、頭のいい人って弱点なんかないんじゃない？」と思うかもしれませんが、意外とそんなことはありません。普通に朝が弱いとか、努力が続かないとか、いろんな弱点を持っています。

でも、弱点を理解しているからこそ、弱点に対応する術を持っているのです。朝が弱いならモーニングコールを誰かに頼めばいい、努力が続かないなら他人と一緒に努力したりリフレッシュの時間を定期的に入れたりしよう。そんな風に弱点がわかっていればこそ、弱点に対応する手段も見つかり、弱点をカバーできるのです。

自己分析において重要なのは、強みよりも弱みのほうなんですよね。弱点がない人なんでいませんから、真摯《しんし》に自分の弱みと向き合っている人なのかどうかが、とても見られているポイントだと言えます。

そしてそのために、性格診断ツールを使うのはとても有効な手段だと言えます。「あなたのことについて教えてください」と面接で質問されたときに、うまくプレゼンできるかどうかは、どれくらい自分について考えようと思った経験があるかによって変わってきます。

もちろん自分のことだからやっぱり一番自分がわかっているような気もしますが、他人から言われて初めて「ああ、ひょっとしたら自分にはこういうところがあるのかもしれない」と理解が深まるところもあります。どちらと一概に言えない人が大半だと思います。だからこそ、自分のことを理解できるようになるまで、いろいろな性格診断ツールを試してみましょう。

おすすめできる性格診断ツールの1つに、「FFS」というものがあります。「FFS」

というのは、「Five Factors and Stress」の略称です。世の中、まったく同じシチュエーションが、ある人にとってはストレスで耐えられないほど苦痛なのに、別の人には全然苦にならない、ということがありますよね。このような個性による感じ方や行動の違いを5つの因子で説明するのがFFS理論で、組織心理学者の小林惠智博士が開発したものです。

5つの因子とは、具体的には、

保全性：維持しながら積み上げる力
拡散性：飛び出していこうとする力
弁別性：白黒はっきりさせる力
受容性：無条件に受け入れる力
凝縮性：自らの考えを固めようとする力

この5つです。

そして、このどの因子が強いかによって、向いている仕事の仕方やストレスを感じる瞬間を理解することができます。

たとえば保全性の高い人は、突発的な仕事が降ってくると「嫌だなあ」と感じることが多く、ストレスを感じやすいそうです。逆に、「期日までにここまでこの仕事を終わらせてくれ」と指示を出され、その通りに物事を進めていくことにプラスの感情を持ちやすいと言われています。

逆に、拡散性の高い人は、物事を積み上げるのがそこまで好きではなく、細かく指示を出されることにストレスを感じやすいそうです。逆に、突発的な仕事に対するストレス耐性が高く、自分で仕事の進め方をコントロールできるほうがプラスの感情を持ちやすいと言われています。

また、受容性が高い人は人からの意見を無条件に受け入れる力が強く、聞き上手であり協調性がある一方で、自分の意見を述べたり自分から積極的に動いたりするのが苦手であると言われています。

逆に凝縮性が高い人は、チームの原動力になるような積極的なタイプであり、アイデアマンであることが多い一方で、人からの意見を受け入れたり、周りを巻き込んだりするのが苦手であると言われています。

このように、ツールを使うと、自分がどのような特性を持っているのか、長所と短所の両方を教えてくれます。これを踏まえて、次の受け答えを見てください。

Q：あなたは周りから、どんな人であると言われることが多いですか？　自己分析の結果を教えてください。

Aさん：積極的に周りを動かすタイプで、チームの原動力になることが多いと言われます。たしかに1つのプロジェクトを複数人で動かすときに、積極的に意見を言ったり実行したりすることが多いと感じます。

Bさん：実行力があるタイプだと言われることが多いです。たしかに自分がチームに対して積極的に意見を出したり、その意見を行動に移したりすることが多い

ですが、その分、一人で突っ走ってしまったり、周りへの巻き込みが得意ではない面があるので、最近はしっかりとチームメンバーと協調して物事を進めることを意識しています。

Aさんと Bさん、2人とも先ほどの「凝縮性」の因子が高い人のようですが、みなさんはどちらのほうが自己分析ができていると感じましたか？

確実にBさんですよね。

Aさんは「自分のいいところ」しか述べていないのに対して、Bさんは「いいところ」「悪いところ」そして「改善するべきところ」の3点を述べています。このように、ツールを使うことで自己分析する際に長所と短所の両方を伝えられるようになります。

「でも、わざわざ自分の短所を伝えたら、悪い印象になってしまうのではないの？」と考える人もいるでしょう。たしかに、わざわざ自分の悪いところを曝《さら》け出す意味ってあんまりないように感じますよね。でも、「長所」って、基本的には短所・弱点と表裏一体なんですよね。

大雑把《おおざっぱ》でいい加減な人は、逆に言えばおおらかで大抵の物事には動じない人ですし、逆に細かくて神経質な人はきちんと丁寧に仕事を進めることができる人です。そして、その両面性を理解している人のほうが、長所についてのプレゼンも深いところまで話せます。長所だけを考えているうちは、本当の自己分析にはなっていないことが多いのです。

いい面ばかりを見せないことで差がつく

また、こんな実験もあります。

10人に対して、FFS診断を受けてもらった後、サバイバルゲームをしてもらいました。

このとき、FFSの診断結果を見て、「同じタイプの人」を集めて5人のAグループを作り、「違うタイプの人」を集めて5人のBグループを作りました。そして各グループ同士で30分相談をして戦略を作り、その後で実際にゲームをして、どちらのグループが勝つのかという実験です。

まず、30分の作戦会議のときからAグループとBグループには大きな違いが見られました。Aグループではすぐに全員の意見が一致して、「それいいね、そうしよう！」と10分であっさり戦略が決まりました。対してBグループはなかなか戦略がまとまらず、「いや、もっとこうすべきだ」と時間ギリギリまで作戦会議が続いたのです。

そして肝心の勝負はというと、一瞬でした。一瞬でBグループが勝利したのです。

一見すると、Bグループのほうは最後まで揉《も》めていたので、いい戦略なんて思い付きそうにないですよね。でも、Aグループのほうがスムーズに決まって、意思決定に問題がなさそうな印象を受けます。でも、Aグループのほうはまったく議論がなかった、つまりアイデアが深まることがなく、うまくいかなかったというわけです。

ここからわかることは、「みんながみんな、同じ意見を持っているからといって、いいものはできない」ということです。いい結果を出すためには、全員が同じ方向性を向いている必要はなく、弱点がない人間である必要もなく、１００％会社の方針に同意している必要もないのです。

この前提を忘れていると、企業の面接の際にもエントリーシート（ES）を書く際にも、「なんだかこの人は、いい面ばかりを見せているな」と思われ、不採用となってしまいます。

ここまでの議論をまとめると、

- **ツールを使って、いいところと悪いところを調べる**
- **調べた「マイナス面」をしっかりと受け入れて、どう向き合っていくかを考える**

この2つが、自己分析をする際にとても重要になってきます。

ちなみに、多くの就活生が使うツールに『さあ、才能《じぶん》に目覚めよう　ストレングス・ファインダー2・0』（日本経済新聞出版）という本があります。自分の強みを見つけることができる有名な診断ツールですが、多くの就活生がこのツールに対してもったいない使い方をしています。

それは、「課金しないで、自分の弱点を知ろうとしないこと」です。

実はこのツール、ＡＬＬ34と言って、自分の強みだけでなく、弱みもお金を払えば見ることができます。そして、真に価値があるのは、実は下位の5つの能力だと思います。下位の能力を確認し、自分が一体どういう能力が足りていないのかについて考察を深めることは、自己分析としてとても重要なことです。

また、能力の定義もしっかりと理解しておく必要があります。というのも、この本で使われている能力は、意外と理解するのが難しいものも多いからです。

たとえば「回復志向」と呼ばれる能力があります。これについて、「物事をあるべき姿・元に戻すことを志向した能力」というような説明がされていますが、パッと理解できる人は少ないと思います。「回復志向の他に、最上志向とか未来志向とかもあるけど、どう違うんだ？」と悩んでしまうことも多いと思います。

使われる言葉が難しく、しっかりとその言葉を理解しないと、簡単に自己分析を間違ってしまう、というのは注意したいポイントです。

ちなみに回復志向は、何か物事を見たときに、「このポイントはよくなかったな」と、改善点が目について、そのポイントを修正することが得意な能力だと言われています。

このように、診断ツールの定義まできちんと理解することで、「自分は物事の改善が得意で」などと自信を持って語れますね。

診断結果をただ見るだけでなく、言葉の定義までしっかり理解した上で自分の長所・短所と向き合うことで、他の就活生より深い自己分析ができるのです。

メタ認知を鍛えよう

このような自分の性格・弱点と向き合う行為は、「メタ認知」と呼ばれています。この本でもここから何度かこの言葉を使うので、よく覚えておいてください。

まず、「メタ」とは「超える」という意味で、「自分を超えた認知」のことをメタ認知と呼びます。この解釈を採用するのであれば、メタ認知とは、自分を超えたもう一人の自分の視点から、今の自分や周囲の状況を俯瞰（客観視）することだと言えます。

もう少し想像しやすくなるように、将棋を例に挙げてお話ししたいと思います。人は主体的に何かに取り組んでいるとき、「将棋の駒」ではなく「将棋の指し手」になっているという例えがあります。「王将」として盤上で戦うのではなく、その盤面を俯瞰的に見て、「自分という駒」を、他の誰かではない、「自分という指し手」が動かしている状態を作れているか、それが物事に主体的になれているかを見極める重要なポイントなのです。

さて、そんなメタ認知能力は、かなり就活において重視されます。なぜならこの能力が高いと、その場での臨機応変な対応力も、物事を俯瞰的に見る能力も高くなる傾向があるからです。

たとえば、相手と話しているときに、相手が退屈そうにしていたら、それを察して話題を変えることってありますよね。このとき、話している話題ではなくその一段上の、自分と相手の関係性を意識しているわけで、まさにメタ認知が発揮されています。

メタ認知ができれば、リアルタイムで自分の行動をコントロールできるため、適切なタイミングで、適切な行動を自分自身の意思でしやすくなります。同時に、その行動に不具合が生じたときには修正もできるわけです。

そして、メタ認知によって自分の状況を理解することもでき、仕事にも大いに役立ちます。

よく言われることですが、会社に入ってからは現場でその場の判断を求められることが増えます。飲み会の場では、「Aさんのお酒がなくなったな」というときに進んでお酒を注ぎにいく人は「気が利くね！」と評価されますが、このように周りを見て自分の行動を変化させることができる人はメタ認知ができている人です。

逆に、もしあなたが「今回の打ち合わせではいい話ができた」と思っていても、実は相手にはあまり刺さっていなかった、ということもあります。そうならないためにはメタ認知能力を鍛《きた》えて、話しながら相手の顔色を観察し、「あ、喋《しゃべ》り過ぎてしまっているな」と思ったら自制する、という機転を利かせる必要があります。また、先方からのお怒りのメールに対して、「どうしよう、怒らせてしまった」と落ち込んでいたとしても、メタ認知能力があれば、「よく考えると別にここのポイントを修正してください、って言われているだけだから、ここを修正して連絡すれば問題ないだろうな」と考えることもできるでしょう。

このように、メタ認知を持っている人はどんな仕事でも上手にこなせる場合が多いのです。

そして、このメタ認知能力の高さを企業側が問いかけてくるのが、「自己分析」だと言えます。

成功体験・失敗体験を聞かれたら?

就活のときによく聞かれる質問として、「あなたの今までの人生での一番の成功・失敗を教えてください」というものがありますね。多くの場合、みなさんはこの質問に対して、多くの他の質問と同様に、普通に自分の経験を書くと思うのですが、この質問こそ、他の就活生たちと差をつける大きなチャンスなのです。

まずそもそも、なぜこの質問は「メタ認知」を問うものだと言えるかについて共有します。

さて、ここで1つ質問です。

みなさんは日記をつけていますか？

日記をつけていない人でも、日記をイメージすることはできるでしょう。「今日、こんなことがあった、あんなことがあった」「あのとき、もっとこうしておけばよかったな」などと振り返り、反省をしますよね。これこそがメタ認知を問うものなのです。

日記をつけるというのは、その日の出来事から新しい気付きを見出し、明日へとつなげていく行為です。そして、この振り返りを繰り返すことで、何かをしているときに、同時進行で今の振り返り（＝メタ認知）ができるようになっていくのです。

ちなみに、多くのスポーツ選手も日頃の振り返りを行うことでメタ認知を鍛えているそうです。日記やSNS、日常のおしゃべりなど方法はさまざまですが、たくさんの振り返りによって試合本番にもメタ認知能力を発揮できるよう、訓練しているわけですね。

ですので、この「今までの人生での一番の成功・失敗」の質問は気合いを入れて、他の質問よりも時間をかけて答えるようにしましょう。

その上で、「今までの人生での一番の成功・失敗」に対して、どんな風に回答すればいいのか、ヒントをいくつかご紹介したいと思います。

まず、一番重要なのは、カッコつけないことです。

「失敗を共有してください」と言われると、多くの人はその失敗を「いい話」にしたがります。「インターン先のプロジェクトで、進捗が遅れ、上司から怒られました。でも、それをきっかけにチームが一丸となって、うまくプロジェクトを達成することができました」というのは、あまりにも出来過ぎた話で、嘘っぽい印象を受けます。もっと具体的に、何があって、どうして失敗したのかを書かなければいけません。

そのときに必要なことがあります。

あまり聞かれたくない点ほど、深く考えるのです。


「どうしてそのプロジェクトにおいて進捗が遅れてしまったのですか？」

「どうして上司から怒られてしまったのですか？」


この手の質問、ちょっと嫌ですよね。だからこそ事前に備えておきましょう。

今の例だと、

「プロジェクトに対して責任感が薄く、チームメンバーの仕事が遅れているときに、それを許容してしまっていた」

「上司から、その責任感のなさを見抜かれて、『もっとチームリーダーとしての自覚を持つべきだ』と言われた」

というように、なんらかの答えがあるはずなのです。それも素直に言語化して、「なぜそうだったのか」を明確にすることが大事です。きっとそれが、次にもつながる振り返りになります。

結局、振り返りの持つ意味は、「どう次に活かすか」です。

もし仮に、みなさんが社会人になったときに、会社に遅刻してしまったとしましょう。

このとき、上司に対してどんな風に謝りますか？

「遅刻してすみませんでした。きちんと反省して、今後ないようにします」というのは普通のコミュニケーションですが、これだけだとあまり「遅刻」という失敗から学んでいる感じがありませんよね。

でも、「自分が社会人としての認識が甘いことに気付きました。これからはしっかりと10分前に出社するようにして、意識を変えます」と言ったらどうでしょう？

しっかりと失敗から学ぶことができている感じがますよね。ちょっとした言い換えなのになぜこんなに差が生まれるのかというと、「なぜ遅刻したのか」ときちんと向き合っているからです。メタ的に考えて、「遅刻したのは、意識が低かったからだ」という結論を出し、その上でその結論に沿って「次回以降しっかりその失敗を改善するための仕組み」を考えています。

このように、自分がなぜそのミスをしてしまったのかを考えることで説得力が生まれます。そして、これは成功体験に対しても同じことが言えます。「どうしてうまくいったのか」をしっかりと考えてみましょう。

ちなみに、これは東大生にとって結構苦手なポイントだったりします。

東大生は、受験・勉強・学校生活では成功していた場合が多く、失敗の経験があまりないからです。だからこそ逆に、就活の前には「おそらく失敗するであろうバイト」にわざと行く人も、実はそこそこいます。それまでやっていた家庭教師のバイトをやめて、あまり大声を出した経験がないのに、いや、だからこそ飲食のバイトに行くとか、接客業をやってみるとか。そんなふうに、わざわざ失敗の数を稼ぐということをしています。「自分には失敗らしい失敗がないな」と思った人は、「自ら失敗しやすい環境に身を置く」という逆の発想をするのも1つの手段です。

教訓から逆算してエピソードを考える

成功体験や失敗体験を聞かれたときは「出来事から考えるのではなく、教訓から考える」という点も重要です。過去の体験を「どう活かすか」の部分を考えよう、ということですね。

我々は、成功や失敗について考えるとき、基本的には「自分の人生の中でどんな出来事があったかな」と想像すると思います。または、「こんな経験をしていた、これはアピールできるかも」というように、具体的な中身をベースにして物事を組み立てがちです。

しかし、そうやって考えているうちはなかなかいい「成功」「失敗」は書けません。なぜなら、この質問で問いたいのは、「どんな経験をしてきたか」ではなく、「どんな教訓を得ているか」だからです。

みなさんは、「守株《しゅしゅ》」という故事成語を知っていますか？

昔、中国の宋《そう》という国にいた農夫は、偶然ウサギが古株に足を滑らせて死んでしまうところを見かけました。そして、そのウサギを食べることができた農夫は、「ここで待っていれば、ウサギを食べられるんだ」と学び、ずっとその株の前で待つようになったというエピソードです。そこからこの故事成語は、「古い習慣にこだわって進歩のないこと」を指すようになりました。

このように、1つの成功や1つの失敗を、1つの教訓にだけ活かしているだけでは、物事はうまくいきません。それよりも、もっと広い視野で考えて、「この体験から得た教訓を、他にも応用可能なことはないか」を考えることで応用力が高まります。ウサギが古株に足を滑らせたのを見たら、まず、「この森にはウサギがいるんだ」と考えることができます。または「こういう株って多いんだろうか？　足を滑らせる株が多いとしたら、自分達も危ないよな」と考えることもできるでしょう。1つの物事だけでなく、それを他の事例にも応用できるような形に、つまり「教訓」にしていく努力をしないと意味がないのです。

重要なのは、学んだことを抽象化して、他に応用できるレベルまで落とし込むことです。だからこそやるべきなのは、「どんな教訓を得たか」を考えてから、「そのきっかけはなんだったのか」を振り返ることです。「人に頼ることも重要だ」とインターン先で学んだのであれば、「じゃあどうして、人に頼ることも重要だと感じたのか？」「どんなきっかけがあったのか？」「説明しやすい出来事はなんだったのか？」と、教訓にするためのピースを見つけていきましょう。

いかがでしょうか？

何度も言いますが、自己分析ではとにかく、素直になることが重要です。自分のいいところだけではなく、できていないところ、ダメなところとも向き合い、面接官にも「自分の弱点になるポイント」を正直に話すようにしましょう。

そういう就活生はなかなかいないので、「あ、この人はしっかりと自分と向き合っているんだな」と好意的に思ってもらえるはずです。

TODAI Job Hunting

第3章

東大式企業分析

次は企業分析について解説します。

自己分析が終わった後で、次は相手のことを分析する、ということです。ただ、多くの人にとって、企業分析はなかなかやりにくいものだと思います。ひょっとすると自己分析以上に苦手だという人も多いのではないでしょうか。

というのも、単純に志望する企業のホームページを見るだけではわからないことばかりだからです。しかし、競合他社や業界情報を知ろうとしても、どこまで調べればいいか困ってしまう人もいるでしょう。というかそもそも、就活生に話を聞いていると、「今から行こうとしている会社の『競合』がどこかもわからない」という現象すら発生しているようです。

企業分析をする前に用意するもの

そんな中で、本書『東大就活』では、やるべき企業分析を3つのステップに分けて紹介します。この3つのステップに則って企業分析を実践していけば、他の就活生と差がつく情報が得られるはずです。

その3つのステップに入る前に、まず第0ステップとしてみなさんにやっておいてもらいたいことが1つあります。それは、企業分析の準備です。

具体的には、東洋経済新報社から発行されている『業界地図』と『会社四季報』、この2冊を買って手元に備えておきましょう。この2つは、企業のいろんな情報が得られるツールである上に、社会そのもの・ビジネスそのものがわかるようになっているので、絶対におすすめです。

商品を作って売る会社があったら、その会社に素材を販売する会社もあるし、流通を行う会社もあります。そのすべてを一本化して行う会社もあれば、それを海外に展開していく会社も、その商品の販促宣伝をする会社もあり、その販促宣伝の手段として選ばれるメディアを運営する会社もあるわけです。

このように、社会全体がどのようにつながってできているのかを知るためにも、『業界地図』『会社四季報』は有効なのです。社会がどのように成り立っているのかを知るために、就活をはじめようと思ったらまずこの2冊を、ペラペラとめくるだけでもいいので読んでみてください。

この2つのツールとPCを用意した上で、みなさんには次の3つのステップで企業分析をしてもらえればと思います。

ステップ1：業界について知る
ステップ2：業界における企業の立ち位置を知る
ステップ3：企業の事業戦略を知る

さっそく、順番に見ていきましょう。

最初は企業ではなく業界を知ろう

まず企業分析をする上で大切なのは、「業界を知る」ことです。

「企業分析だから、その企業のことを調べないと！ ホームページにはこう書いてあって、四季報にはこう書いてあって……」と調べていくのは愚策と言わざるを得ません。まずやるべきことは、その企業自体の分析ではありません。その企業を取り巻く環境、つまりは志望する企業が属する「業界」の状況を調べることです。業界がどうなっているのかがわからないと、その企業のことも見えてこないからです。

とはいえ、最初の段階ではみなさんは「そもそも社会にはどんな業界があるか？」ということがわからない状態だと思います。また、企業によっては「この会社って、どの業界に分類されるんだろう？」と考え込んでしまう会社もあることでしょう。

少し具体的に見ていきましょう。そもそも「業界」という概念は、メディアごと、語る人ごとによって、切り分け方に違いがあるものです。

たとえば、『リクナビ』という業界情報を掲載しているメディアでは、さまざまな企業が次の7つの業界に分けられています。

①メーカー　②サービス・インフラ　③商社　④銀行・証券・保険・金融

⑤情報（広告・通信・マスコミ）　⑥百貨店・専門店・流通・小売

⑦ＩＴ・ソフトウェア・情報処理

それに対して、総務省が定める「日本標準産業分類」に準拠した、東証における分類では33の業界が存在しています。

①水産・農林業　②鉱業　③建設業　④食料品　⑤繊維製品　⑥パルプ・紙
⑦化学　⑧医薬品　⑨石油・石炭製品　⑩ゴム製品　⑪ガラス・土石製品　⑫鉄鋼
⑬非鉄金属　⑭金属製品　⑮機械　⑯電気機器　⑰輸送用機器　⑱精密機器
⑲その他製品　⑳電気・ガス業　㉑陸運業　㉒海運業　㉓空運業　㉔倉庫・運輸関連業　㉕情報・通信業　㉖卸売業　㉗小売業　㉘銀行業　㉙証券・商品先物取引業　㉚保険業　㉛その他金融業　㉜不動産業　㉝サービス業

いろんな分け方があってややこしく感じるかもしれませんが、もっとややこしいのは、業界を跨《また》がる企業も数多く存在するということです。

さて、『リクナビ』を作っている株式会社リクルートはどの業界に属する会社でしょうか？

リクルートは、就活や人材育成だけでなく、ＳＵＭＯなどの住宅情報メディアもやっているし、スタディサプリなどの教育業もやっています。これだけ多岐にわたっていると、一言で「この業種」と言い表すことはできません。

ネットで調べてみると、リクルートという会社の業種はこのように書いてありました。

インターネット関連広告、人材サービス（人材紹介・人材派遣）、出版、その他サービス

このように、たくさんの業種に跨っていますね。強いて言えば「人材業」なのでしょうが、先ほどの33分類に「人材業」はなく、「サービス業」になっています。しかし、ただ「サービス業」だと考えてしまうと、他のサービス業の企業とは違いすぎて分析の意味がなくなってしまいます。このように、業界を確認しようとしても難しいという問題があります。

「この企業はどの業界か？」は企業分析の基礎になる

ここまで読んで、「業種が多くて困っちゃうよ」という感想を持っている人もいると思います。おそらく、「そもそも業界とは何かを理解する」という最初のステップには一定の時間がかかる人が大半です。

しかし、ここでしっかり考え、悩むことが大事です。「この会社はどの業界に入るんだろう？」と考えることが、その会社の事業内容を理解する第一歩で、企業分析の基礎になっていくので、決して手を抜いてはいけません。

リクルートという企業を例にすると、リクルートの属する業界を考え、いろいろな業種を調べる中で、「広告（情報出版系）に強い人材サービス業なんだな」というように、その企業のやっている事業内容が見えてきます。すると、業界分析によって「リクルートという企業がどういう企業なのか」がわかるようになっていくのです。

実際にリクルートは、ホットペッパーやリクナビなどのネットメディアや、SUMO・ゼクシィなどの広報誌を有している広告に強い会社であり、そのコネクションも利用しつつ人材・サービス業を行っています。ここまで企業分析できれば、詳細な分析に進むために必要な知識は得られたことになります。

さて、こうして志望企業の業界がわかったら、その業界自体のことを調べてみましょう。ネットメディアの「業界ナビ」や「業界地図」には、その業界自体の分析が書かれています。

その中で注目すべきなのは、

- **市場規模**
- **成長率**

といった各種統計です。このような統計を見て、「ああ、この業界はどんどん斜陽になっていっているんだな」「この業界は海外に対してビジネスチャンスがあるんだな」と、細かく見ていくようにしましょう。

このような業界全体のデータを見ていく中で、企業がその業界に対してどのような立ち位置でどんなことをしているのか、といったことも見えてきます。

統計の分析にあたり、ひとつ注意すべきことがあります。コロナ禍の前後でさまざまな数値が大きく変化している場合が多い、ということです。「アフターコロナ」という言葉もありますが、コロナ禍の後に各業界・各企業がどうなっているのか、しっかりと知っておきましょう。

その会社の業界内での立ち位置を知る

次にやるのが、いよいよ志望企業についての分析、「その会社の立ち位置を知る」ことです。言われなくても調べられるよ、という人もいるかもしれませんが、ここでもワンポイント、工夫するべきことがあります。

多くの場合、就活で注目するべきだと言われているのはこれらの要素です。

- **売上高**
- **マーケットシェア**
- **商品・サービスの特徴**
- **グループ企業なのか独立した企業なのか、国内資本なのか外資なのか**
- **上場企業か非上場企業か**

これらの要素は『会社四季報』で知ることができますし、他の就活生も見ていることですので、しっかりと調べておきましょう。

問題は、それ以外の要素です。正直な話、就活はテストではありませんので、「弊社の売上高はいくらでしょうか?」というようなクイズが出ることはあり得ません。ですから、調べたことをただ覚えるだけでは何の意味もないとさえ言えます。

大切なのは、「その会社が、その業界の中でどんな位置づけなのか、どんな位置づけになろうとしているのか」を理解することです。

売り上げでいうと、まずは「業界最大手」の企業があります。1つ具体例を挙げるなら、業務用冷蔵庫メーカーとして最大手のシェアを誇っているホシザキ株式会社は、業界最大手ですね。

普通に考えれば、シェアをきちんと取っているのであれば、もうこれ以上の成長を望まなくてもいいような気もしますよね。でも、ホシザキ株式会社の統合報告書には、存在意義に「進化する企業」と書いてあり、新しい価値の創出や海外展開についての戦略が書いてあります。その業界のトップになったからこそ、そのトップシェアを活かしつつ、次の戦略を考えたり、企業として新しいことに挑戦したりするというケースは多いです。

とはいえ、「業界最大手」の企業の中にもいろんなところがあります。「トップになったけれど、もっとこの業界でのシェアを伸ばしたい」と考えている企業もいるでしょう。対してホシザキのように、「海外展開や、新しい価値で勝負したい」と考えている企業もあることでしょう。

次に、「業界二番手」「業界三番手」などと呼ばれる企業もありますね。具体的にお話しするなら、日本にはスーパーゼネコンと呼ばれる巨大な建設会社が5社あります。鹿島建設、大林組、大成建設、清水建設、竹中工務店の5つで、この順番で売上が高いです。

そして、どの企業に行ったとしても、「どうして弊社なんですか？」「あなたのやりたいことは、○○建設ではダメだったんですか？」などと聞かれると思います。そして、そんな質問に対して、みなさんは困ってしまうことと思います。「いや、実際に同業他社の○○建設にもエントリーしているんだよなぁ」「別にこっちじゃなきゃダメってわけじゃないんだよなぁ」と。

そんなときに重要なのは、仮に業界のトップシェアではなかったとしても、オンリーワンな経営戦略がどこかにはあるということです。たとえば業界二番手の大林組はランドマークの建設であれば他の企業と比べて勝っていますし、業界三番手の大成建設は大型土木工事であればトップです。

このように、「この分野ではトップである」あるいは「トップを目指そう」と考えている分野がどの企業でもあるはずなのです。その部分がどこなのかを理解するために企業分析を行っていくことはとても重要なことだと言えます。この情報を握っているかどうかが、他の就活生との違いに結びつきます。

逆にもし、調べても調べてもオンリーワンな要素が見出せず、どうしても「この会社の強みはどこなんだろう？」と答えが見つからない企業があったならば、その企業には就活に行かないほうがいいと思います。みなさんがその企業の良さをプレゼンできず、他の企業との差別化ポイントもわからないのであれば、仮にその企業に入ったとしても将来苦労してしまうからです。

結局、就活はマッチングです。相手に自分を選んでもらうことも大切ですが、自分が適切な相手を選ぶことも大切です。

もう1つ、ちょっとだけ裏技っぽい就活テクニックをお伝えすると、これらの情報を得るためには、「就活のためのサイト」だけでなく、「投資家のためのサイト」も見るのがおすすめです。

上場している会社であれば、投資家が会社の情報を仕入れたいと思っている場合が多いですし、企業側も投資家に株を買ってもらうために情報を公開します。そして、投資家が「勢いのあるこの分野に強いから、この会社の株は買おう」と考えるポイントを知ることは、その会社の世間的な評価の理解にもつながります。

実を言うと、就活生向けの企業情報よりも投資家向けの企業情報のほうが、ポイントが絞られていて理解しやすい場合もあります。日本経済新聞をはじめとする新聞や、YouTubeやネットで、投資家向けの情報を確認してみましょう。

加えて、少なくない企業では「IR・投資家向け情報」が公式サイトに載っています。こうしたポイントを押さえておくことで、他の就活生より詳しい企業情報にアクセスできます。

企業のビジネスモデルの違いを知る

企業の立ち位置がわかったら、最後にその企業の事業戦略を知るための情報収集をしなければなりません。業界の動向とは関係なく、そもそもその企業がどんな企業なのかを調べるのです。これにも先ほどと同じく、ポイントがあります。
まず、多くの就活生が調べる一般的な情報を見ていきましょう。

- **説明会資料**
- **会社のホームページ**
- **過去の事業や実績**
- **経営理念と事業の関係性**

どれも重要ですね。特に、代表者や設立年度、企業の正式名称といった基本情報は押さえておいたほうがいいと思いますし、経営者がインタビューで情報発信をしているなら、それも目を通しておくべきでしょう。さらに企業サイトに企業理念や先輩社員の声、IR情報などが載っているのであれば、そのチェックも怠《おこた》ってはいけません。

このときに重要なのは、単に書いてあることを素直に受け取るのではなく、「このような印象を持たせたがっている」という企業の意図を読むことです。

一般に、公式のリリースにはただのデータではなく、「読んだ人にこう思ってもらいたい」という部分がどこかにあります。そのメッセージをしっかり読み取って、「こう思ってもらいたいんだろうなぁ」というポイントを考えることで、その企業のブランディング戦略や、企業がどういうイメージを大事にしているのかがわかるようになります。お客さんではなく、一緒に企業のブランディングを考える人になったつもりで読んでみましょう。

次に重要なのは、「どういうビジネスモデルの会社なのか」を知ることです。

またリクルートの例で恐縮ですが、みなさんは、リクルートが運営しているサイト「ホットペッパー」と「じゃらん」のビジネスモデルの違いを知っていますか？

レストランや美容室・サロンの情報を検索し、予約ができるサイトの「ホットペッパー」と、旅行先の宿泊施設の情報を検索し、予約ができるサイトの「じゃらん」。これはどちらも、「お店の情報が載っていて、予約ができるサイト」ですね。でも、この2つのビジネスモデルには大きな違いがあります。お金の稼ぎ方が全然違うのです。

確認するべきは、「どこで、どうやってお金を得ているか」です。ホットペッパーは、店舗がサイトに情報を登録して掲載してもらうのに、「掲載料」という形でお金がかかります。リクルートにしてみれば、店舗側から広告費をもらうビジネスモデルなのです。

それに対して、「じゃらん」は宿泊施設がサイトに情報を登録するところではお金はあまりかかりません。でも、もし予約をした人がいたら、その人が宿泊代として支払うお金の一部が、仲介料として「じゃらん」に支払われます。仲介料をもらうビジネスモデルなのです。

ですから、「ホットペッパー」は多くのお店が情報を掲載してくれるのが利益につながり、逆に「じゃらん」は掲載店舗数が増えるより、とにかく多くの人が利用してくれるのが利益につながるのです。

さて、みなさんはこのビジネスモデルの違いが、事業戦略においてどのような違いを生むかわかりますか？

「ホットペッパー」は、より多くの店舗がサイトに情報を掲載したくなるようなビジネスを考える必要があります。他方で「じゃらん」は、しっかりと宿の人と相談して、「どうすれば人が来てくれるのか」「どんな風に情報を掲載したら人が来やすいのか」を考えるビジネスを行っています。ビジネスモデルの違いによって、仕事の仕方がまるっきり変わるわけです。

このように、お金を稼ぐポイントが、その会社・その部署での仕事の仕方を左右するのです。これを理解していると、企業の戦略も理解できるようになっていきます。

株式会社ナガセは、東進という塾を展開しています。オンラインで有名講師の授業が受けられるサービスで、全国に多くの塾生がいます。

対して、オンラインで授業が受けられるサービスは他にも存在し、たとえばリクルートは「スタディサプリ」というサービスを行っています。どちらも同じく「オンラインで授業が受けられる」サービスですが、スタディサプリのほうは、個人向けだけでなく、法人向けの営業も精力的に行っています。スタディサプリは現在、「学校で導入してもらい、その学校の生徒がスタディサプリを見られるようにする」というビジネスを展開して、多くの中学高校に受け入れられています。そして現在は、学校だけでなく、塾向けのサービスも展開しています。個人向けサービスももちろん行っていますが、学校向け・塾向けのビジネスとして強いのです。

このように同じオンライン授業サービスでも、東進とスタディサプリではターゲットやビジネスモデルが全然違うんですよね。

当たり前ですが、企業はお金を稼がなければなりません。多くの社員を食べさせていくためには、お金を稼ぐことが重要です。そして、その方法は多岐にわたります。

主要なものをいくつか挙げると、「一件あたりいくら」という成果報酬型でお金をもらうものや、広告費として先にお金がもらえるものもあります。誰からお金をもらうかという観点だと、直接お客さんからお金をもらうやり方もあれば、企業・法人からお金をもらうやり方もありますし、企業・法人を通してお客さんにサービスを提供するやり方もあります。

ちなみに、直接お客さんからお金をもらうやり方は、企業（Business）が一般消費者（Consumer）を対象に行うビジネス形態なので「B to C」と呼ばれます。対して、企業・法人からお金をもらうのは、企業（Business）が企業（Business）に対して行うビジネス形態は「B to B」と呼ばれます。そして、企業・法人を通して間接的に消費者へサービスを提供するのは、「企業（Business）が一般消費者（Consumer）を相手に商売するのを手伝う商売」ということで、「B to B to C」と呼びます。

これらのビジネスの形式をすべて覚えておく必要があるわけではありませんが、その違いは理解しておいたほうがなにかと便利です。「この会社に入ってからどんなことをしたいですか？」と聞かれたときなど、この違いを理解して話をするのとそうでないのとでは、大きな違いが出てしまいます。

そして、ビジネスモデルの違いを知ることは、そのまま「競合企業との差異を知る」ことにつながります。

言うまでもないことですが、ある企業の分析をするときには、競合他社についても同様に分析する必要があります。先ほどの業界分析と合わせて、「この業界の最大手はどんな企業なのか」「この業界には他にどんな企業がいて、志望する企業とはどう違うのか」を調べておくのです。そうやって研究を重ねておくと、回り回って志望する企業の特徴もより詳しく認識できるようになります。

さらに言うと、いろんな事業をしている会社については、「どの部分での売上や利益が一番大きいのか」まで知っておくと、他の就活生に比べてアドバンテージが取れます。表に見えている事業と実際の収益源が全然違う、なんてことはよくあります。

一例を挙げると、ベネッセコーポレーションは教育でとても有名な会社ではあるのですが、その売り上げの30％以上は「介護・保育」です。「ベネッセって介護事業をやっていたの？」と初めて聞いた人も多いかもしれないのですが、調べてみると実際、この事業がベネッセコーポレーションにとってとても重要な事業だとわかります。

また、「売上高ではこの事業が一番だが、利益ではこの事業が一番」というような微妙な違いもあります。利益が出ている事業がどれなのかを理解することで、企業の目線に立って、企業が欲しい人材がわかってきます。

実際に人から話を聞いてみる

こうして業界や企業を調べた上で、もう1つ重要なのは、「実際に人から話を聞いてみる」ということです。机上で調べた情報だけでは、なかなか自分の身につかず、面接の際に話そうとしてもパッと喋れない、なんてこともあります。そんなときには、やはりその会社で働いている人に会いに行き、話を聞くのが一番です。

その企業で働いている人に話を聞きに行く手段はいろんなものがあります。たとえば大学や部活のOB・OGがその会社に勤めているなら、その人から話を聞いてみましょう。就活サイト「リクナビ」に登録し、企業の説明会に行って話を聞くのも有効です。

ただし、1つ忘れてはいけないことがあります。それは、人に会って話を聞くのは、企業分析をした後、ということです。よく、企業分析のために人に会いに行く就活生がいますが、残念ながら、せっかくの機会をムダにしてしまっていると言わざるを得ません。

まずはしっかり自分で調べて、下準備をした上でこそ人に会いに行く意味があります。

そのほうが多くの情報を得ることができますし、企業分析をブラッシュアップすることができます。

そしてもちろんOB・OG訪問の際には事前に聞きたいことを準備しましょう。自分の企業分析が合っているかどうかも含めて、自分の分析結果と生の情報を照らし合わせてこそ、就活相談で人に会う意味があります。

TODAI Job Hunting

第4章

東大式ES・面接対策

ESの書き方1　ガクチカ

この章では、エントリーシート（ES）や面接の対策について実践的、具体的に述べたいと思います。

まず、多くの人が気になるのが、「ガクチカ」こと「学生時代に力を入れていたこと」の書き方ではないでしょうか。この項目は、どんなESにも載っていることが多いものです。

このガクチカの書き方について、5ステップでみなさんに解説していきます。

ステップ1　何に力を入れてきたかを一文で書く

まずは最初の1行目を書きましょう。この際、意識してもらいたいのは「質問に答える」ことです。面接でもESでも重要なことは、「質問に答える」ということです。

一見、当たり前すぎてわざわざ言うまでもないことに思えますよね。しかし、質問の答えになっていないことを書いて失点してしまう人が、想像以上に多いのです。
たとえばこんなことを書いてしまう人がいます。

Q：あなたが学生時代に力を入れて、そして学んだことは何ですか？

A：インターン先で学習支援の仕事をしていました。地方の高校生たちと都会の高校生たちの間では大きな教育格差があり、その解消のために行動することは大きなやりがいがありました。自分はその中でもチームリーダーとして活動し、年間10回以上のイベントの企画を行いました。

これは明確にダメなESの例です。なぜだかわかりますか？
学生時代の活動がしっかり書かれていて、いいアピールになりそうですが、これは「ある禁忌」を犯しています。
「学んだことは何ですか？」という質問に答えていないのです。

ESには、基本的には明確な「質問」があります。それなのに、その答えになっていないものを書いても、評価はされません。この質問の場合、「インターン先で学習支援の仕事をして、教育格差の是正の難しさを学びました」といった内容を書く必要があります。

今のダメな例のようにならないように、みなさんにはESで、まずは結論を最初に持ってくることに気をつけてもらいたいと思います。これは、面接などでも重要になってくることですが、最後に結論を持ってくる文章は、基本的に読んでもらえません。話が長い印象を持たれてしまいますし、何が言いたいのだかわからないと思われてしまうこともあります。まずは簡潔に、何に力を入れてきたのか、最初の1文で質問の答えを書いてください。

その際に注意するべきなのは、「国際的な活動をしてきました」といった曖昧な答えではいけないということです。しっかりこの後につながるように、「国際的な支援ボランティアをすることで、日本とはバックグラウンドが違う人たちに対するアプローチの難しさを知りました」のような、具体的で続きが書きやすい答え方をしてもらえればと思います。

ステップ2　なぜそれを行っていたのか、そうしたいと考えたかを説明する

次に重要なのは、「どうしてその活動をしようと思ったのか」という背景です。あなたを取り巻いていた環境や、そのときに感じたことを語ってみましょう。たとえばあなたが学生団体に入って何かをしたなら、その団体に入った理由を説明するのです。団体に入った後で自分が起こしたアクションについて説明するなら、その行動を起こすようになった理由を述べてみましょう。

ここで大事なのは、具体性です。団体といっても、100人の団体なのか、5人の団体なのかによって活動内容やあなたの役割は違いますよね。インターンをしたのなら、そのインターン先はどのような会社なのか、企業名だけでなく具体的な活動内容までしっかりと明記することが大事です。

ステップ3　実際にどのようにそれを行ってきたかを説明する

次に、学生時代にやっていたことの具体的な説明をしていきましょう。

このときに意識してもらいたいのは、第2章で解説した、「失敗と、それをどう乗り越えたか」という経験です。ずっと成功しているだけの人はいませんから、何かうまくいかないことに対してどう取り組んだを書くのは当然とてもいいことです。

また、あなたの成果を誇張して飾らないことも重要です。少し語弊《ごへい》のある言い方になってしまうかもしれませんが、所詮、大学生の間にやっていたことがそんなに大スケールの営みにならないことは企業の側だってわかっています。

ですから、何ができたのか、何ができなかったのかを正直に書きましょう。どんなに飾ったとしても、面接のときにはそこを突かれてボロが出てしまいますからね。

ステップ4　この経験から学んだことをまとめる

次は、ここまで書いてきた経験から学んだことを書きましょう。第2章でお話しした教訓のパートです。

繰り返しになりますが、大学生の経験なんて、できることの範囲はたかが知れています。重要なのは、「過去の話そのもののすごさ」ではなく、「この過去からあなたが何を学んでいて、この学んだことを、これからこの企業に入社したときにどう活かしたいか」という学びの部分です。ですから、経験・教訓の部分をしっかり強調しましょう。

東大生の就活は、この「教訓」を考えるのに時間をかける傾向があります。

自分の過去の経験だけでなく、「こういう失敗をして、こういう思いをしたから、御社に入ったら将来こういうことをしたい」と、過去と未来をつなげるプレゼンができるような準備をするのです。

ステップ5　各企業に合わせた調整をしていく

ここまでの内容で一旦、文章としては完成です。ただし、最後の詰めが残っています。それが、それぞれの企業に合わせた調整です。

おすすめの方法は、まず100～300字くらいに短くまとめたものを用意し、それをもとに、最大1000字くらいの詳細で長いものを作成していくという進め方です。

たとえば、次の文章を見てください。短いバージョンはこんな要領で書きましょう。

学生団体で、地方高校生への学習支援を行い、教育格差問題の根深さを知った。活動の中で、なかなか根本的な解決を行うことができず、苦戦した。その中で、教育格差の原因は地方特有の問題だけでなく、家庭環境や友人関係など多岐にわたることを学んだ。

変化する時代の中で、学習者のニーズに対して漫画やZoomといった最適なツールを活用するという意見をとりまとめ、団体の活動内容を改善した。

まずはこれくらいの分量で、先ほどの4ステップを実践してみましょう。これが短いバージョンのガクチカです。そしてその上で、「じゃあもっと具体的に説明していこう」と詳細なバージョンを考えていきましょう。

短いガクチカではどんな企業にも通じる一般的な内容をまとめ、長いガクチカにするための具体的な説明の際に、各企業にマッチしたカラーを出していきます。「この部分の経験は、『教育格差の問題を解決したい』という企業理念と結びつけやすいな」といった風に。

先ほどの短いものに肉付けして長くしていくと、このようになります。

学生団体で、地方高校生への学習支援を行い、教育格差問題の根深さを知った。年間10回のイベントの実施を行うもので、その10回の中で地方高校生と都会の高校生の情報のギャップを埋める活動を行った。

活動の中で、なかなか地方高校生たちの悩みに対して根本的な解決を行うことができず、苦戦した。その中で、教育格差の原因は地方特有の問題だけでなく、家庭環境や友人関係など多岐にわたることを学んだ。たとえば、自分が接した生徒は、親が「大学になんて行くな」と言って無条件で反対していることを知り、本人がイベントに参加したいと言っても反対されるため、親に黙ってきていると言っていた。このように、子供の意識や子供に対する情報提供だけでは、なかなか親にまで情報を提供することはできないことに気付き、自分は情報を発信する際に親御さん向けの情報を載せ、親御さん向けのイベントの実施も行った。

このような経験から、自分は御社の「変化する時代の中で、学習者のニーズに対して最適なツールを活用する必要がある」という企業理念に強く共感している。

また、かなり実践的なテクニックになりますが、ステップ5までで300字くらいの短いガクチカを用意したら、それを複数の企業に「使い回す」こともできます。

1つ短い文章を作ってしまったら、さまざまな企業のESで、それぞれの企業に合った具体例を足して1000字くらいの長い文章にしていけるのです。A社のESのために作った300字くらいのガクチカに対して、A社向けにはA社の企業理念や事業内容に合わせた内容を、B社にはB社向けの企業理念や事業内容に合わせた内容を加筆していけば、いろいろな企業に応募したとしても、ESにかかる負担はそこまで重くなりません。

ESの書き方2　志望動機

ESの書き方、次は志望動機（志望理由）です。「なぜその会社に入りたいのか」ということを書く項目です。

第2章でも志望動機について触れましたが、ここでは具体的に、どのようにしてESの志望動機を書きまとめるのかについてみなさんにシェアしたいと思います。

東大生が実際に志望動機を書くステップは、以下の3つになります。

ステップ1　何に魅力を感じたのか

ステップ2　なぜそれに魅力を感じたのか
ステップ3　どう働きたいと思っているのか

それぞれ、英語の「what」（何に）、「why」（なぜ）、「how」（どのように）に該当します。

では、順番に見ていきましょう。

ステップ1　何に魅力を感じたのか

まず、「その会社の何に魅力を感じたのか」を書きましょう。具体的に、「何に」魅力を感じたのかを明示するのが、このステップで一番大事なことになります。

一見すると当たり前のことですが、志望理由は抽象的になってしまいがちです。いろいろな内容を書いた上で、「結局、この人は何に魅力を感じたんだろう?」と、論旨がぼやけてしまうことも少なくありません。

たとえば、次の文章は典型的な失敗例です。

自分は小さい時から観光業が好きで、観光業に携わりたいと思っていました。違う土地に行き、滞在し、現地の人と接する体験を提供することは、多くの人にインスピレーションを与え、世界を豊かにすることができると思っています。しかし、日本人のおよそ3割は海外旅行を体験したことがないというデータもあり、観光にまだあまり触れたことのない人にも観光を楽しんでもらえるようにすることは重要だと思っております。

この人の一番言いたいことは何なのか、ピンときませんよね。「この文章のどこが志望理由なの?」と突っ込まれても仕方ありません。

ですが、同じ内容でも言い方ひとつで印象はまったく変わります。最初に結論が来ているとこうなります。

御社の、「観光にあまり触れたことのない人にこそ観光を」という企業理念に感銘を受

けたからです。自分は小さい時から観光業が好きで、観光業に携わりたいと思っていました。違う土地に行き、滞在し、現地の人と接する体験を提供することは、多くの人にインスピレーションを与え、世界を豊かにすることができると思っています。しかし、日本人のおよそ3割は海外旅行を体験したことがないというデータもあり、これはもったいないことだと思っています。そのため、御社に入社した際には観光に対して抵抗感のある人にこそサービスを提供できるような仕組みを考えたいと思っています。

これは実際に東大生が書いた文章を改変したものです。先に結論ありきで語ることで、この人がこの会社の何をいいと思ったのかというメッセージが一段とわかりやすくなりましたね。先に「何に」という答えを書くことで、結論ありきで論を展開することができるのです。

ガクチカと同じく、ここでも及第点を取るためには「質問にきちんと答えること」が大事なのです。

ステップ2　なぜそれに魅力を感じたのか

次に書くことは、理由の深掘りです。「なぜそれに魅力を感じたのか」を具体的に書きましょう。

正直な話、ステップ1の「what」は、他の就活生と被る場合が多いです。おそらく面接官は「御社の企業理念に感銘を受けたからです」という言葉を、ほぼ全てのESで読んでいると考えられます。話を展開しやすいですし、企業分析をしてきている感じも出せますから、使い勝手がいいのです。

ですから、ステップ1では他とあまり差はつきません。重要なのはステップ2で書く「why」です。具体的に自分がどうしてそう思ったのかを語るところでこそ、あなたらしさが表現できるのです。

この際に重要なのは、自分の話をしっかりと書くことです。自己分析や「ガクチカ」とのつながりをしっかり説明する、ということです。

とはいえ、ここまでこの本を読んできた人であれば、難しく考える必要はありません。

第1章で主体性についての話をしましたが、主体的に自分が行動できるのはどういうときなのかを、明確に言語化していけばいいのです。「こういうことで喜びを感じた」「こういうことをすることに対して自分は嬉しいと感じる」というポイントを書くことができれば、それが自然にあなたらしい理由になっていると思います。

ステップ3　どう働きたいと思っているのか

最後に、その会社に入ってどう働きたいのか、というイメージを伝えましょう。

「こんな仕事がしたい」「こういう業種で働きたい」という希望を書いてみるのです。「こんな仕事がしたい」がステップ1・2で書いていることと一貫性があれば、評価されます。逆に、入社後のイメージと今現在の立ち位置が矛盾しているようであれば、「この人、言っていることが違うな」と思われ、減点されてしまうので注意しましょう。

また、「こういう業種で働きたい」という希望は、できるだけ具体的に書くことをおすすめします。ここで、自分がやりたいことの範囲内で「あまり人気のない業種」を書くと、「この人は他の人とは違うな」と印象に残ることができます（なお後述しますが、この業種希望に限らず、無理に嘘をついて自己アピールをすることは結果的にはネガティブな評価を招くことが大半ですので、決しておすすめしません）。

たとえば、多くの場合「営業職」は敬遠される傾向がありますよね。「事務職はいいけど、営業はちょっとキツそう」と感じる人が多いと思います。だからこそ、そこが狙い目になります。あえて勇気を出して「営業」と書いてみる、ということです——もちろん、ここまで書いてきたステップ１・２と矛盾する場合はその限りではありません。

面接対策1　事前に想定質問を考えておく

ＥＳの書き方がわかったところで、次は面接の対策について考えていきます。

まずは想定質問についてお話ししましょう。想定質問は、事前に「どんな質問が来るか」を考えておいて面接に備えるという、オーソドックスな面接対策です。

大まかに、以下のようなことを想定質問では用意している場合が多いです。

- 御社を志望した理由
- 御社でなければならない理由
- 具体的に御社でやりたいこと
- ガクチカ
- どんな性格か
- 自己PR、長所と短所
- 希望の職種とその理由
- その職種に求められる力
- 読んだことのある本
- 御社に対しての印象、どう会社を変えたいか
- 他の就活先との違い
- OB・OG訪問をした際の印象的な社員や、社員と話した感想

こんなところでしょうか。

しかし、「じゃあこれらの内容の答えをまとめよう」と思っても、すぐにパッとできるものではないですよね。

そこで1つおすすめの方法があります。先ほど考えたESを使うのです。

ステップ1　自分のESの文章を確認する

想定質問は、自分がESで書いた内容と関連させて考えていくとわかりやすくなります。

たとえば、先ほどの「ガクチカ」の文章を見てみましょう。


【学生時代力を入れたこと】

学生団体で、地方高校生への学習支援を行った。

活動の中で、教育格差の原因は地方特有の問題だけでなく、家庭環境や友人関係など多岐にわたることを学んだ。
変化する時代の中で、学習者のニーズに対して漫画やZoomといった最適なツールを活用するという意見をとりまとめ、団体の活動内容を改善した。

このESを使って、ここから想定質問とその答えを考えていきます。多くの場合、面接官はESで書いたことを見て質問しますから、その気持ちになって「この就活生に対して、どんな質問をするか」を考えてみるのです。

ステップ2　深く聞かれそうな部分に線を引く

いくつか「ここは面接で聞かれるだろうな」というポイントを考えて、ESに線を引いていきます。面接でESの補足を求められそうな、言葉の定義や具体例を聞かれそうなポイント、その会社の事業と関わってくるようなポイントを探していくのです。

例に挙げたESであれば、「地方高校生への学習支援」は、具体的な内容を質問される可能性が高いでしょう。また、「教育格差」については、社会問題として意見を求められるかもしれません。さらに、「変化する時代」というキーワードも重要です。企業にとってもキーワードになってくるかもしれませんし、会社の公式サイトに「変化する時代の中で」なんて書いているところも多いでしょう。このようにして聞かれそうなポイントを見つけ、線を引きます。


学生団体で、地方高校生への学習支援を行った。

活動の中で、教育格差の原因は地方特有の問題だけでなく、家庭環境や友人関係など多岐にわたることを学んだ。

変化する時代の中で、学習者のニーズに対して漫画やZoomといった最適なツールを活用するという意見をとりまとめ、団体の活動内容を改善した。

ステップ3　想定質問の内容を考える

次に、どんなことを質問されそうかを考えます。ESの準備と同じ要領でいいので、「具体化」が求められます。多くの質問では、「具体化」が求められます。ESの準備と同じ要領でいいので、「具体的には？」という質問を考えておきましょう。

ステップ4　回答を考える

そして次は、回答を考えていきます。

この際に、内容以前に気をつけることが1つあります。このときも「相手の質問に正しく答えているかどうか」を意識して回答を用意してください。

ステップ5　回答に「その会社ならでは」の要素を入れる

仕上げとして、それぞれの会社を意識した文言を入れれば想定質問の対策はバッチリです。

たとえば「私のこの経験は、御社のこういう事業とつながってくると思います」というようなことを書いてみましょう。

ESでも想定質問でも、企業別の要素を用意するのは、「後付け」のほうが望ましいと思います。しっかりとした自己分析に基づく完成度の高い汎用フォーマットを1つ用意し、それを企業ごとにカスタマイズしていく方が、場当たり的に準備するより高クオリティになります。

この5ステップで、自分がESに書いたこととセットにして想定質問とその答えを作っていきましょう。想定質問の答えをたくさん用意しておけば、もし想定外の質問が飛んできたとしても、想定質問のうち2つを組み合わせて適切な回答を作ることもできるので、ここも力を入れておいて損はありません。

最後に、想定質問が思い浮かばない、という方のために、いくつか問答の例を挙げてみます。

Q1：どういうきっかけで地方高校生への学習支援に取り組もうと思いましたか？

A1：自分自身、北海道の網走という地方出身で、大学受験時、受験情報を得るのに苦労した経験から、自分のような地方の高校生に学習支援を行いたいと思いました。

Q2：地方高校生が対象と書かれていますが、どのような生徒を対象として活動していたのですか？

A2：都市部の難関大学を目指すような学生だけではなく、学習そのものに意欲が湧かない学生も対象としていました。自分自身の経験から、地方と都市部には学習への意欲格差があると感じており、意欲の湧かない学生にも学習支援を行いたいと考えました。

Q3：格差の原因が多岐にわたることを学んだ具体的なエピソードを教えてください。

A3：座談会において高校生の悩みを聞いていたとき、「試験で点数が取れないと親から罵詈雑言を浴びせられる」といった、心理的なストレスによって学習が手につかないという相談を受けました。その際、教育の問題は教育制度や地方と都市部の格差だけに起因するものだけでなく、家庭の経済的状況や家庭環境、周囲の友人がどこの大学を目指すのかといった環境面での原因などが複合的に絡み合って存在していると認識しました。

Q4：教育への取り組みを行う中で学んだことを教えてください。

A4：1つの問題には複合的な原因が存在していることを学びました。その際、高校生がどのような理由で悩んでいるのかを知るためには、相手から受けた相談を自分事として捉え、相手の気持ちに寄り添うことの重要性も学びました。

Q5：その学んだことを弊社でどう活かしたいと思いますか？

A5：問題解決の際に、短絡的に1つの原因のみによって起因するものだと決めつけず、複数の原因がある可能性を考慮する必要性を学びましたが、このことを活かして、御社で社会課題に対する施策を行う際には、真のボトルネックはどこにあるのかを、あらゆる可能性を考慮して特定したいと思います。

Q6：「意見をとりまとめ、活動内容を改善した」とありますが、具体的にどのような役割を団体の中で果たしたのか教えてください。

A6：私は、高校生のニーズに合わせて所属団体がどのような活動を行うかを調整する役割を果たしました。高校生のニーズは学習意欲を起こしたいといったものから、難関大学に受かりたいといったものまで多様であり、前もって対象の学校やクラスの特性を把握し、相手に対してどのようなツールを使って活動を行うべきか調整しました。

Q7：その活動の中で自分の長所をどのように活かせたと思いますか？

A7：相手の気持ちに寄り添う力、共感力を活かして、私の所属団体が相手のニーズを最大限引き出すのに貢献できたと考えています。高校生のニーズはもちろん、時には高校教員の立場に立って、どのような活動を行うべきか考えました。

Q8：その取り組みを行う上で困難だったことと、それをどう乗り越えたのかについて教えてください。

A8：高校生のニーズは学習意欲を起こしたいといったものから難関大学に受かりたいといったものまで多様なため、活動内容を考える際に、どのような層に焦点を当てるのかの意思決定に苦労しました。私は共感力を活かし、相手のニーズをしっかりと把握することで、講義やセミナーから取り残される生徒がいなくなるよう工夫しました。

面接対策2　実際の面接で重要なポイント3選

想定質問を用意することのほかに、面接の話し方で重要なポイントを3つ、ご紹介しようと思います。

ポイント1　予防線を張る

面接のとき、回答の仕方として重要なのは、「予防線を張る」ことです。

みなさんは、こんな質問をされたらどうしますか？

配属先は事業開発部をご希望とのことですが、今のお話を伺っていると、プロダクトを作るだけでなく、プロダクトが実際にどのように顧客に受容されているのかについてもしっかりと理解したいとのことでした。ということは、営業部にもご興味がおありですか？

これは、かなり意地悪な質問です。しかし、就活では王道の質問です。多くの場合、営業部はあまり人気がありません。シンプルに大変そうだからですね。だから、営業部に行きたくない多くの人にとっては、「興味がある」と答えにくいのです。しかし、この質問に対して就活生が「興味がない」と答えたら、会社からすると事業の軽視になり、ネガティブな評価につながります。

このような、「はい」か「いいえ」どちらで答えたらいいかが微妙なラインの質問に対して、瞬時の対応を求められるのがこの質問なのです。このように、答えるのが難しい意地悪な質問だからこそ、その場での対応力・コミュニケーション力を測ることができる、と企業側は考えていると思います。おそらく何社か面接を受ければ、必ず一度は聞かれることになるでしょう。

この質問に対する回答として有効なのは、「予防線を張りつつ回答すること」です。誰かを貶《おとし》めるような内容になっていないように留意しつつ、自分の意見を伝えるわけです。具体的にはこのような言い回しをすれば、マイナス評価は避けられます。

少し持って回った回答になりますが、自分はインターン先で営業のお手伝いをさせていただいた時期がありました。その際に営業職にとって『自社の商品を理解すること』がどれほど大事なのかを痛感しました。営業は会社にとって肝心要の重要な職種であると思っており、営業職に対しての興味もありますが、現状では力が足りない部分があるので、一度事業開発部に行って商品の理解をしたいと考えております。

これなら、自分の希望を曲げることなく、営業職に対するネガティブなイメージを持っているわけではないことが伝えられます。「営業職＝重要な職種」という認識と、「営業職に対しての興味もありますが」と言いつつも、自分の希望を言うことがポイントです。このように、相手を傷付けないような配慮ができているのかどうかを考えながら話すことが、面接の基本です。

この、「相手に対して配慮をする姿勢」のことを、「予防線」と呼びます。就活は、うまく予防線を張れるかどうかによってかなり結果が変わってきます。

また、これもよくある質問ですが、「卒業研究の内容を教えてください」と言われたときに、みなさんだったらどれくらいの長さで話しますか？

人によっては卒業研究・卒業論文について話すのにかなり時間がかかってしまう場合もありますし、簡単には説明しにくい内容のこともあるでしょう。そういうとき、どうするのが正解でしょうか？

「教えてくださいと言われたんだから、長々と説明したほうがいいのではないか」と考える人もいるかもしれませんが、ここでの正解は、相手に対して一度質問をしたり予防線を張ったりして、「長く回答したほうがいいのか、簡潔に説明したほうがいいのか、求められていることを確認する」です。

「簡単に説明させていただきますと」と言ってから概略の説明をするとか、まず「長くなってしまうかもしれませんが、よろしいでしょうか？」と聞いてみるとか、いろんな方法を通して、相手の質問の意図とずれないように工夫をするのが、この場合の正解になります。

予防線を張ることは、どんな場合であってもかなり有効です。

多少長く回答することになるシチュエーションでは、「持って回った回答になりますが」と言うと、長くなることの前振りになります。また、ESに書いたことをほとんどそのまま話そうとしているときには、「ESに記載した内容と多少重複するのですが」と言うのもいいでしょう。このように、話を始める前にいろんな予防線を張ることで、相手の心証を悪くしないようにすることができます。

予防線を張るときに気をつけたいのは、ただネガティブな内容を弁明するのではなく、ここからの将来性を感じさせるようなことを言うことです。

ただ「まだまだ甘いのですが」とだけ言うのは予防線にはなりません。「まだまだ甘い考えなので、これからしっかり整理していこうと思いますが」というように、将来性を意識した回答をすることで、自分の至らないところを自覚しながらも前に進もうとする姿勢を明確にし、よりよい印象が与えられます。

予防線は、第2章でお話しした「メタ認知」があることを示せるので、かなり有用なテクニックだと思います。いくつかの例を記載しておきます。加えて、自分でも「こういう言い方もできるかも」と考えて、頭の中にストックを準備しておくことをおすすめします。

予防線の例

「持って回った回答になりますが」
→結論をスパッと言いづらい質問が来たときの予防線です。多少回答が長くなっても許されますが、着地点をしっかり意識しておかないと印象が悪くなることもあるので注意しましょう。

「こう言う言い方が適切かはわかりませんが」

→言葉が正しいかどうかに対しての配慮でもあり、少し誰かを傷つけてしまうような可能性があるときに使うと便利です。汎用性は高いものの、使いすぎには注意。

「あくまでも企業サイトや決算書などの、外部からの情報を拝見しただけなのですが」

「素人考えで恐縮ですが」

→会社の方針や経営に関する意見を聞かれたときなど、「この回答をしたら多少生意気に思われるんじゃないか」と予想されるときに使えます。前者は、自分が外部からの情報をしっかりと分析していることをそれとなく伝えられるメリットもありますが、逆に「では決算書を見てどう思いました？」など、より突っ込んだ質問につながる可能性もあることは把握しておきましょう。

「ＥＳ記載の内容と多少重複するのですが」
→ＥＳに書いたことをそのまま復唱してもＯＫになるフレーズ。ただし、このフレーズを使うとその次にＥＳに書いたこと以外の質問が飛んでくることがあるので、しっかりと対策をしておくこと。

「まだまだ甘い考えなので、ここから考えていくフェイズなのですが」
→成長性を感じてもらえるような予防線の張り方です。

ポイント2　嘘をつかない

もうひとつ重要なのは、「嘘をつかないこと」です。

そんなの当然じゃないか、と感じる方もいるかもしれません。しかし就活生に「嘘をつくな」と言うと、「いやいや、自分のことを大きく見せないと就活で結果を出すのは難しいんだから、嘘をついてナンボでしょ」という反応をする人が多いです。

まあたしかに、ストレートに等身大の自分を見せるのではなくて、自分を大きく見せることはとても重要だと思います。多少の背伸びは必要です。でも、就活においてもそれ以外のことでも、嘘をつくときに覚えておかなければならないことが1つあります。

それは、「嘘はバレる」ということです。

何を当たり前のことを、と思うかもしれませんが、これが結構難しいんですよね。

まず、就活だけでなく、大学の推薦入試でよく見るダメなやり方として、「面接官に対して自分の知識をひけらかしてしまう」というものがあります。

たとえば、自分のやりたいことは何かを語る自己推薦の文章を書くときに、「○○という本に書いている通り、自分はこういうことに対して問題意識を持っています」と必要ないのに参考文献の情報を載せてしまったり、グループディスカッションや面接の際に「アフォーダンスが」とか「エスニシティが」などと専門用語を必要以上に使ってしまったりする行為です。就活では特に「キャズム」とか「クラウドソーシング」とか、たくさんのビジネス用語を目にしますが、多くの人がその意味をきちんと理解していません。就活生の中には、これらの単語を意識せずにガンガン多用している人がいますが、まあ、やめたほうがいいと言わざるを得ません。

もちろん、その知識を正しくわかって使うのであれば何の問題もありません。しかし大抵の場合、直前に軽く読んだ本の受け売り程度で使っているのではないでしょうか。

そういう姿勢で面談に臨む場合、多くの就活生が忘れている、重大な事実があります。それは、相手はその道のプロであり、あなたが「これがわかっているのはかっこいい、自分を大きく見せられるはずだ」と思う付け焼き刃の知識は、面接官にとっては赤ん坊との会話のような低レベルなものでしかなく、ビジネスの現場で働く人たちにとっては「わかった上で、あえてあまり使わないもの」に過ぎないということです。

こんな話があります。筆者には東大教育学部に推薦入試で合格した友達がいるのですが、そのときプレゼンで「子供の自己肯定感を育めるような教育が必要だ」という考えを、自分の高校時代の活動に基づいて語ったそうです。質問もある程度事前に想定していた通りのものが来て、面接は順調に進んだそうなのですが、後半に入ってから東大教授から発せられた予想外の質問に驚愕したのだそうです。

あなたはプレゼンの中で、「自己肯定感」という言葉を使っていましたが、あなたがその言葉を使うとき、一般的に認知されている言葉の定義と、違う部分があると考えたことはありますか？

面接にあたり、20個以上の想定質問を用意していた彼女でも、この質問は完全にノーマークだったそうです。

たしかに言われてみると、「自己肯定感」という言葉を「自信」という意味で使う人もいれば、「前向き」という意味で使う人もいるでしょう。また、「期待」とか「信頼」とか「信用」とか、微妙に意味が異なるさまざまな意味合いで使われます。しかし、それらの違いを明示することは難しいですよね。

東大教授のこの質問は、その部分を聞いたものです。彼女はこの質問に対して、自分の使っている意味と一般的な意味で、共通する部分と異なっている部分を説明し、どう異なっていたのかを示して、合格することができたと言います。

このエピソードは、次のような普遍的な教訓に一般化できます。「自己肯定感」なんて普通の言葉ですら、教育学部の教授から見れば立派な専門用語であり、その言葉の使い方について一家言あるのです。就活でも同じように、浅い知識でむやみに専門知識を使ってしまうと、その理解の浅さが命取りになるのです。

「あなたはさっきからKPIという言葉を使っていますが、それってKGIの間違いじゃないですか？」と言われて、そこから硬直して何も話せなくなってしまったという人も実際にいます。KPIとKGIの違いは、KPIが中間目標で、それを達成しても売り上げが上がったり最終的なゴールにつながったりするはわからないものであるのに対し、KGIは最終的なゴールのことです。「売り上げ2000万を達成するために、今月はテレアポ1000件を目標にしよう」はKPIで、「売り上げ2000万」はKGIです。ちょっとした違いではありますが、結構重要です。

このように、言葉の使い方が少しあやふやなだけで、嘘になってしまったり、間違いになってしまったりするのです。

第2章で自己分析について解説したときにも言いましたが、素直であることはとても重要です。

虚飾で塗り固めても、面接官には割と伝わってしまうものです。

もちろん、等身大の自分を見せろ、なんていう気はありません。背伸びしていいですし、みなさんが「あなたの使っている言葉に、一般的に認知されている言葉の定義と違う部分があるとわかっていますか？」なんて聞かれたら、「いいえ」なんて答えず、「私はこういう意図で使っていました」と伝えるべきです。

しかし、決して嘘にならないように話さなければなりません。背伸びをしてもいいけれど、足はしっかりと地面についている状態をキープするのです。足が地面から1ミリでも離れたらゲームオーバー、というゲームだと思って面接に臨む必要があります。

そして、自分自身が嘘だと思っていなくても、相手からは嘘だと思われてしまうこともあります。意図せず誤ったことを言ってしまう「知ったかぶり」なんてその典型です。

そうならないためにも、先ほど説明した「予防線」のテクニックはとても有効です。

「こういう言い方が適切かはわかりませんが」とか「付け焼き刃の知識なので正直自信

がないのですが」とか、不安が残る発言をするときには予防線になる枕詞《まくらことば》を頭につけておくことで、多少の間違いに目を瞑《つむ》ってもらえるようになります。

また、最近は特に、この予防線が非常に効果を発揮するようになってきました。どの企業も就活生のSNSアカウントをチェックするようになり、普段どんな発言をしているのかを確認するようになっているからです。

企業としても、もし採用して社員になった人がSNSで問題発言をしてしまったら、ブランド価値が大きく毀損されるリスクがあります。というか、実際にそういうことが起こっています。だからこそ、面接の際には「SNSだけでなく、普段から発言に配慮があるかどうか」を確認するようになっているのです。

最後に、「どうしても答えられない質問」や、「知識が足りず正しく答えられない質問」をされたとき、嘘にならない答え方をお教えしましょう。

こういうとき、多くの就活生は、「その質問に対する答えがわからないこと」を隠そうとする傾向があります。きちんとその質問の答えを考えてきていました、というフリをして一生懸命に答えようとします。しかし、それは必ずしも正解とは言えません。

こういう場合、わからないことはわからないとはっきり言って、不勉強であることを認めたほうがいいと考えられます。「すみません、その件に関しては勉強不足でした。ただ、こういうことは考えられると思います」と、自分の勉強不足を認めた上で精一杯の回答をしたほうが、心証がいい場合もあるでしょう。

それなのに、下手に知ったかぶってしまうと、それこそ嘘になってしまいます。嘘にならないコミュニケーションを取るためには、素直に相手の言うことを受け入れる必要があるのです。

ポイント3　ポジティブな言い換えをする

最後に意識したいポイントは、「ポジティブな言い換えをする」です。

みなさんは、こんなことを言われたらどう返しますか？

弊社は中小企業で、大手企業とは違います。あなたがやりたいことを実現させるためには、大手企業を志望されたほうがいいと思うのですが、その点いかがお考えですか？

難しいですね。実際には大手企業にも志望している就活生が多い中で、中小企業でいいのかという質問はとても答えにくいものだと言えます。

こういう場合に求められるのは、「ポジティブな言い換え」です。具体的にはこのような答え方があります。

大事なのは、大手なのか中小なのかというカテゴライズではなく、その実態だと考えております。たしかに、大手企業の方が広くいろんなことができるメリットがあるかもしれませんが、その分、顧客との接点が少なく、新規で商品開発を行う意欲が少ない場合があるということを、ベンチャー企業でインターンをしていた経験から感じました。自分は、顧客に喜んでもらえるという手触りがある方が好ましいと思っており、だからこそ御社を希望しました。

どうでしょうか?

「中小企業の特徴」をポジティブに話していますね。このような、言いたいことを肯定的な言葉に言い換えるのは、面接においてとても重要になってきます。

「小さな会社」を「少数精鋭で、自分の意見が反映されやすい」と言い換えるのは有効です。また今回のように、「中小企業の方が手触り感のある仕事ができる」というのもいい言い換えだと言えます。

「業務量がかなり多く、労働時間も長くなりがち」という、いわゆるブラック企業の特徴はどう言い換えられるでしょうか?

「いろんな業務を現場で実践することができ、大変かもしれませんが、その分、成長速度が他の業種に比べて速いことがあると思います」と言うのはいいかもしれませんね。

どんな物事にも、プラスの面とマイナスの面があるものです。マイナスの面を強調した質問に対して、このようにプラスの面に注目して回答することができれば、多くの場合、相手に好印象を持ってもらえます。

また、第2章でもお話ししましたが、この発想は自分の経験を語るときにも使うことができます。失敗してきた経験が多いことは、逆に言えば多くの教訓を得ているというプラスになります。

ポジティブに物事を考えて、面接の質問は基本的にプラスの言い方を心がけましょう。

TODAI Job Hunting

第5章
東大生の就活お悩み相談

第4章までで、就活の基本的な考え方から実践的なテクニックを一通り解説しました。最後となる本章では、就活における「よくある質問」と、それに対する東大生なりの答えをまとめました。何か悩んだとき、必要に応じてご活用ください。

フェルミ推定やケーススタディがなかなかうまくできない

↓フェルミ推定やケーススタディは、就活の際に求められることが多い思考法です。対策としては、よく出題されるような基本問題がまとまった問題集を読むのが一番です。たとえば次の2冊は、ケース問題やフェルミ推定について、簡単に嚙み砕いて教えてくれる良書です。

『東大生が書いた　問題を解く力を鍛えるケース問題ノート　50の厳選フレームワークで、どんな難問もスッキリ「地図化」!』（東大ケーススタディ研究会、東洋経済新報社）

『現役東大生が書いた　地頭を鍛えるフェルミ推定ノート――「6パターン、5ステップ」でどんな難問もスラスラ解ける！」』（東大ケーススタディ研究会、東洋経済新報社）

この2冊を、熟読してみましょう。ただ読むだけではなく、自分で「こんな質問をされたらどう考えるだろう？」と、その場で考えながら読むことをおすすめします。メモやノートを取ったり、この本自体に自分の考えを書き加えたりすることもおすすめです。

また、外資系コンサルティング企業の就活をしている場合は、これらの本よりも高度な問題が出題されることがありますので、加えて次の2冊の本を読んでみることをおすすめします。

『過去問で鍛える地頭力　外資系コンサルの面接試験問題』（大石哲之、東洋経済新報社）

『戦略コンサルティング・ファームの面接試験――難関突破のための傾向と対策』（マー

ク・コゼンティーノ、辻谷一美訳、ダイヤモンド社）

過去問など、面接で聞かれる具体的なケース問題について知りたい

↓いろいろなサイトや書籍に、就活についての情報は載っています。特に、過去に出題された問題や、それに類似する問題・予想問題などが網羅的に載っているサイトは多く存在します。

東大生が使っていたサイトを紹介するので、ぜひご活用ください。

『Liiga』（https://liiga.me/cases）
よく出題されるような問題に、実際に挑戦することができるサイトです。

『Reverse』（https://reverse-inc.jp/caseinterview）

戦略コンサルの面接で出題されるような、ケース面接の問題がたくさん載っているサイトです。ぜひ参考にしてみてください。

就活のために読んでおくべき基本図書は？

→「就活のための本」だけではなく、社会人1年目の人たちが読むような、ビジネス書と呼ばれるジャンルの本を読んでおくことは、就活生にとっても勉強になります。

東大生が選んだ、就活や仕事におすすめするビジネス書を難易度別にご紹介します。

レベル1『イシューからはじめよ――知的生産の「シンプルな本質」』（安宅和人、英治出版）

就活では、「〇〇について考えなさい」というような問題が多く出題されます。

そんなときに、「何を考えればいいのか」「そもそも考えるとはどういうことなのか」が理解できていない状態だと、なかなか答えを出すのが難しいですよね。

そこで、思考を「イシュー」からスタートすることで知的生産がしやすくなる、ということを詳しく解説してくれる1冊です。図版も多くてわかりやすいので、まずはこの1冊から始めてみることをおすすめします。

類書『「考える技術」と「地頭力」がいっきに身につく 東大思考』（西岡壱誠、東洋経済新報社）

「頭がいい」とは何か、その定義を5つに分解して説明した1冊です。『イシューからはじめよ』で「考えるとはどういうことなのか」と向き合ったら、今度は具体的な問いがたくさん載っているこの本でケーススタディしてみてください。

レベル2『ロジカル・シンキング』（照屋華子・岡田恵子、東洋経済新報社）

論理的な思考とはどういうことか、教えてくれる本です。就活では、ESでも面接でも、論理的に相手に説明することが求められます。しかし、多くの人は「国語」は学校で習っても「論理＝ロジカルシンキング」については学んだことがないのではないでしょうか。
この本は、ロジカルシンキングの基本を知るための好著です。

レベル3『戦略策定概論――企業戦略立案の理論と実際』（波頭亮、産業能率大学出版部）

経営戦略とは何か、その定義の部分からしっかりと教えてくれる本です。戦略に関する基礎的な知識がわかる本で、1冊をしっかり読み込むだけでかなり力になります。

レベル4『勝ち組企業の「ビジネスモデル」大全』（大前研一、KADOKAWA）

この本は、さまざまな業界で成功する実際の企業について、大御所の経営コンサルタントである大前研一氏が解説したものです。コンサルタントの人がこういう本を出すのは珍しく、貴重です。東大生からの人気も高く、多くのビジネスモデルを知るためには役立ちます。

レベル5『コンサルを超える 問題解決と価値創造の全技法』（名和高司、ディスカヴァー・トゥエンティワン）

若干難しい内容にはなってしまいますが、コンサル的な発想や視点を得ることができる本です。出口を意識した課題設定の仕方や、「なぜ?」を繰り返す姿勢、どのように仮説を立てるかについての思考などが、体系的にまとめられています。ここまでご紹介してきた5冊を読んで「もっと知りたい」と思った人は、ぜひ手に取ってみてください。

SPIや入社試験の対策が知りたい

↓入社試験に対して、どんなふうに対策すればいいか悩んでいる人もいると思います。申し訳ないのですが、これに関しては、いろんな入社試験の形態があるので、一概に「これが有効」というものはありません。

ですが、1つだけ「東大生がみんなやっている攻略法」があるので、これをシェアさせていただこうと思います。

それは、過去問を解くことです。

まず「ここに行きたい」「そのためには、この入社試験を受けなければならない」とわかったときには、すぐにその入社試験の過去問を入手して解いてみてください。

多くの企業で採用されている試験であるSPIであれば、市販の過去問集がありますし、それ以外にも国家公務員試験の過去問も販売されています。これを、勉強を始める前に解いてみてください。勉強を始める前、というのが重要です。

解くときには時間を測り、対策する前の最初の段階でどれくらい解けるものなのか、解けない問題はどれなのか、しっかりと記録しましょう。

「勉強してからじゃないと、過去問を解いたって意味がないのでは?」と思う人もいるかもしれませんが、そうではありません。過去問を解かないと、どんな問題が出題されるのかわからないですよね。その状態で勉強しても、「今のこの勉強が、きちんと試験対策になっているのか」がわからなくなってしまうのです。

泳げるようになるためには、まず水に入ってみないといけません。解けなくてもいいから一度過去問を解き、「この問題が解ければ、自分はこの入社試験を突破できるのか」と理解することには、大きな意味があるのです。

ぜひ、過去問からやってみるようにしましょう。

自分の意見を求められたとき、なかなかうまく言えない

→就活では、とにかく「あなたの意見を聞かせてください」と言われます。ESでも求められるし、グループディスカッションでも聞かれますし、面接でも聞かれるでしょう。
しかし、自分の意見を表明するのはなかなか大変なことですね。

「自分は、この問題は、問題だと思っています。理由は、えーと……」

なんて具合に、なかなか自分の意見を表明できない人も多いのではないでしょうか。

さて、東大には、「自分で意見を言わなければならないディスカッション」の授業が存在します。その授業では、意見は次の4要素の足し算であると定義されています。この4つを意識するようになると、誰でも意見が言いやすくなると思います。

「①事実」＋「②問題」＋「③自分」＋「④提案」＝「意見」

①事実……客観的で意見の論拠となるようなデータ
②問題……自分が考える問題点や解決すべきポイント
③自分……意見を言う主体の考えや価値観
④提案……最終的に何をすべきなのかという結論やアドバイス

この4つです。この4つがすべてきちんと入っているものは、「意見」になると考えることができ、逆に、周りの人が「それは意見ではないよね」と思うような発言は、この要素のうち、どれかが抜け落ちてしまっていると捉えられます。

たとえば、「日本の少子高齢化についての意見」を求められたとします。

これに対して、「日本の少子高齢化は、問題です」とだけ答えるのは、先ほどの4要素でいえば、ただ「問題」を述べているだけです。「これが問題だよ」と言われたとしても、「えっ、なんで?」「そう考えた論拠はどこにあるの?」「だからどうしろっていうの?」など、たくさんの点で不備があり、突っ込まれてしまいます。つまり、意見を言ったことにならないのです。

もっと細かく言うと、この「日本の少子高齢化は問題だ」には、「②問題」だけがあって、「①事実」「③自分」「④提案」の3つがありません。

①の「客観的な事実」がないから「本当にそうなの?」と言われてしまいます。「なんかそういうデータとかあるんですか?」なんて言われてしまいそうですね。

③の「考えた人の思考の過程」がないから「なんでそう思うの?」「どう考えてそうなったの?」と言われてしまいます。

④の「どうするべきなのか」が述べられていないから「で、結局何が言いたいの？」「どうすればいいと思っているの？」と突っ込まれてしまうのです。

では、どんなふうに考えればいいのか？

この場合、まずは「事実」と「問題」を分けて考えることが必要です。「少子高齢化」がどれくらい深刻な問題なのか、どんなところに問題が生まれているのかを考えなければなりません。

少子高齢化そのものは、ただの現象でしかありません。なぜなら、少子高齢化とは、「子供が少なくなって、高齢者が増えること」を指すからです。別に、子供が少なくなることも、高齢者が多くなることも、「問題」ではありません。でも、子供が少なくなって、働き手が少なくなったりとか、高齢者の割合が増えて医療費が逼迫《ひっぱく》してしまったりとか、そういう影響が発生しているとなれば、これは「問題」になります。「事実」はただのデータ、「問題」はそのデータにどんな解釈をするのか、ということです。

あなたが「日本は諸外国と比べても高齢化率が高く、それが日本の財政を圧迫している。これはこれからどんどん深刻化していく問題だと感じる」と言えば、これは事実と問題をしっかりと書いている文になります。

次に、「自分」と「提案」です。

「少子高齢化は解決されるべきだ」なんて言ったとして、多くの人は「おお、あの人はきちんと意見を言ったな」とは思わないと思います。なぜなら、それは誰でも言えるような当たり障《さわ》りのないことで、しっかり考えられていない印象を与えるからです。

そうならないためには「私はこう思う」という、「私」が主語になっている言葉が必要です。そして、その私を主張するからには、「これからどうするべきだと思っているのか」という次の展開、「提案」が必要になります。その提案の中に、「自分はこんなふうにこの問題と向き合いたい」というような、自分がどうその問題にアプローチするのかという方針も触れられていると、なおグッドです。

「私は、これからの日本のことを考えると、もっと日本が子供を育てやすく、産みやすい国になるような施策が必要だと思う。御社に入って、さまざまな企業の働き方の支援をする中で、それを一部分でも実現させたい」なんて言うと、しっかり説得力のある意見として評価されます。

意見の例

「日本は諸外国と比べても高齢化率が高く、それが日本の財政を圧迫している。この問題はこれからどんどん深刻化していくと感じる。私は、これからの日本のことを考えると、もっと日本が子供を育てやすく、産みやすい国になるような施策が必要だと思う。御社に入って、さまざまな企業の働き方の支援をする中で、それを一部分でも実現させたい」

①日本は諸外国と比べても高齢化率が高く、それが日本の財政を圧迫している。【事実】
②この問題はこれからどんどん深刻化していくと感じる。【問題】
③私は、これからの日本のことを考えると、【自分】

④もっと日本が子供を育てやすく、産みやすい国になるような施策が必要だと思う。

【提案】

このように、「自分の意見」に4つの要素を揃えることで、説得力のある発言ができるようになります。

おわりに

就活というのは、自分と向き合うとてもいい機会だと思います。

就活の際には、エントリーシートでも面接でも、「あなたはどんな人ですか?」「どんなことがしたいですか?」と質問され、あなたなりの回答をすることになります。聞かれる人や聞かれる企業によってその回答は変わるでしょうが、この質問に対する回答を考えることで、「自分は何がしたい人間なのか?」が見えてくると言えます。

実際、就活の本質は「自分は何がしたいのか?」という問いに向き合うことだと言い換えられます。

最後にみなさんにお話ししたいのは、この質問を考えるヒントです。とても難しい問いですが、「はじめに」でもお話しした通り、就活ではずっと答えを考えなければなりません。

たとえば、とある地方出身の東大生Aさんは、「どうしても東京に行きたい」「こんな田舎より、便利な東京に行くんだ」と考えて勉強し、東大に合格した人でした。何かをしたいと思って東大に来たわけではなかったので、就活の際に「自分は何がしたいのか？」を考えることが難しかったといいます。

しかしそんな中で、先輩からこんなことを言われたそうです。

「とにかく10個、なんでもいいから、○○社に行きたい理由を考えてみなよ」

そのアドバイスをもとに、とにかく10個考えてみたそうです。もともと1つか2つしか考えていなかったAさんは苦戦したそうですが、自分の過去の経験を振り返ったり、ホームページを見て「いいな」と思うポイントを探してみたりして、なんとか頑張って、最終的に丸1日かけて10個の理由を考えたのだとか。

そして、先輩に10個の回答を文章にまとめて見せたところ、「これいいじゃん」と言われたのが、ちょうど10個目の回答だったそうです。それは、「地域と都会の格差是正」というテーマでした。その企業に入って、地方で暮らす人たちの生活環境を整えたい、という想いが綴られていました。「実感が伴っているし、一番読み応えあったよ」と先輩に言われて、初めて自分のやりたいことに気付いたのです。

自分が東大に来た理由について「田舎が嫌だったから」と考えていたAさんでしたが、東京に来て、「やっぱりあの田舎も好きだったな」「もっとあの地域が住みやすくなればいい」と考えるようになった自分に気付いたわけです。それが、「やりたいこと」につながって、答えとなったのです。彼は結局、それを面接官に伝えて、自分の行きたい就職先に行くことができたそうです。

人間、本当に自分がしたいことに気付くまでには時間がかかります。孔子の『論語』には、「五十にして天命を知る」とあり、50歳になってはじめて自分が天に与えられた役割がわかると書かれています。逆にいうと、50歳にならないと自分の天命なんてわからないものだということです。それなのに、「やりたいことは何か」と聞かれてもなかなか難しいでしょう。正直な話、就活の面接での「自分はこれがやりたい」という発言の何割が、自分の本心からの言葉なのかはわかりません。

でも、それでいいのです。何度も「やりたいことは何か」について聞かれ、考えて答えているうちに、それが本心からの言葉でなかったとしても、次第に自分の中で本当の「答え」が見えてくるようになります。それに、他人が見出してくれることだってあります。とりあえず10個やりたいことを書き、最後に書いた10個目が「いいね」と言ってもらえ、だんだん自分でも信じられるようになってくることもあるのです。

ですから就活をするみなさんには、とにかく「やりたいことは何か」について人と話し、人の意見を聞くことをおすすめします。それこそ、10種類のアイデアを考えてみても構いません。何度もそうやって考えていくうちに見えてくるものがあり、それこそが、就活の際に評価されるポイントになると思います。

「やりたいことは何か」とは、自分の哲学を問われる質問です。就活の際に形作ったものが、会社に入ってからもずっと活かされ続けることもあるでしょう。ぜひ就活という機会に、自分の哲学を見つめ直してみてください。

本書が、就活を通してみなさんの人生の何かにプラスになってくれれば幸いです。

星海社新書289

東大《とうだい》就活《しゅうかつ》

二〇二四年 三 月一八日 第 一 刷発行

著者 東大《とうだい》カルペ・ディエム

発行者 太田克史《おおたかつし》
編集担当 片倉直弥《かたくらなおや》

アートディレクター 吉岡秀典《よしおかひでのり》（セプテンバーカウボーイ）
デザイナー 五十嵐《いがらし》ユミ
フォントディレクター 紺野慎一《こんのしんいち》
校閲 鷗来堂《おうらいどう》

発行所 株式会社星海社
〒一一二-〇〇一三
東京都文京区音羽一-一七-一四 音羽YKビル四階
電話 〇三-六九〇二-一七三〇
FAX 〇三-六九〇二-一七三一
https://www.seikaisha.co.jp

発売元 株式会社講談社
〒一一二-八〇〇一
東京都文京区音羽二-一二-二一
（販売）〇三-五三九五-五八一七
（業務）〇三-五三九五-三六一五

印刷所 TOPPAN株式会社
製本所 株式会社国宝社

ISBN978-4-06-535144-4
Printed in Japan

289
SEIKAISHA SHINSHO

280

教えない技術

「質問」で成績が上がる東大式コーチングメソッド

西岡壱誠

「教えない」ことが最高の教育法である

世の中は数多くの教育法であふれていますが、それらは根本から間違っています。どう教えるかではなく、どう教えないかが重要なのです。僕は教育に携わる中で、無理やり勉強を教えられる子供たちを見てきました。そういう、本人の意に反した勉強をさせられる子供は、一時的には成績が上がったとしても、長期的には成績が下がってしまうことが多いです。本人のやる気がない勉強は長続きしないからです。では、どうすれば長い目で見て成績が伸びるのか。大切なのは無理に教えず、本人が勉強したくなる手伝いをすることです。本書では勉強を教える以上に成績を伸ばす「教えない技術」を、コーチング理論に則って解説します。

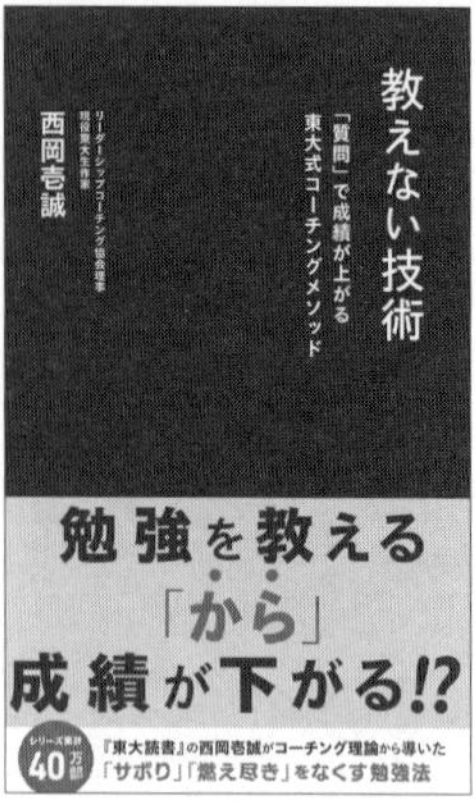

286

東大合格はいくらで買えるか？

布施川天馬

東大合格のための「正しい」教育プランを東大生が徹底調査

「子供の教育にどれくらいのお金を使えば、東大に合格できるのか？」東大生ライターである著者が、東大生100人への独自アンケートをもとに、この問いを徹底的に考えた結論がこの本です。その結果見えてきたのは「1380万円をかけて中学受験からしっかり準備すれば、地頭のよさにかかわらず誰でも50%以上の確率で東大に合格できる」という事実です。本書では、確実に東大合格するための正しい受験プランを提案するとともに、「東大受験を投資として見たときのコストパフォーマンス」「東大に合格した人たちは幸せになっているのか」といった、東大受験のリアルな情報をくまなくお伝えします。

次世代による次世代のための

武器としての教養
星海社新書

星海社新書は、困難な時代にあっても前向きに自分の人生を切り開いていこうとする次世代の人間に向けて、ここに創刊いたします。本の力を思いきり信じて、みなさんと一緒に新しい時代の新しい価値観を創っていきたい。若い力で、世界を変えていきたいのです。

本には、その力があります。読者であるあなたが、そこから何かを読み取り、それを自らの血肉にすることができれば、一冊の本の存在によって、あなたの人生は一瞬にして変わってしまうでしょう。思考が変われば行動が変わり、行動が変われば生き方が変わります。著者をはじめ、本作りに関わる多くの人の想いがそのまま形となった、文化的遺伝子としての本には、大げさではなく、それだけの力が宿っていると思うのです。

沈下していく地盤の上で、他のみんなと一緒に身動きが取れないまま、大きな穴へと落ちていくのか？　それとも、重力に逆らって立ち上がり、前を向いて最前線で戦っていくことを選ぶのか？

星海社新書の目的は、戦うことを選んだ次世代の仲間たちに「武器としての教養」をくばることです。知的好奇心を満たすだけでなく、自らの力で未来を切り開いていくための〝武器〟としても使える知のかたちを、シリーズとしてまとめていきたいと思います。

2011年9月

星海社新書初代編集長　柿内芳文

SEIKAISHA SHINSHO